Knaur

Robert Sulzberger

Balkon- und Kübelpflanzen

Die besten Pflanzen
Schöne Kombinationen
für alle Standorte

www.knaur.de

Die Deutsche Bibliothek verzeichnet diese Publikation in der Deutschen Nationalbibliografie; detaillierte biblio-grafische Daten sind im Internet über http://dnb.ddb.de abrufbar.

Bildnachweis:
Fotos: Frank v. Berger S. 77; Petra Jarosch S. 15, 18, 20, 26, 27, 61, 64, 72, 76, 81; Kientzler S. 45 links, S. 75 unten; Kiepenkerl S. 33; Wolfgang Redeleit S. 6, 7, 10, 13, 31, 42 links, 84, 86, 87; Reinhard-Tierfoto S. 4; Manfred Ruckszio S. 12, 30, 36, 45 rechts, S. 47, 50, 52, 54, 63, 65 oben, 80, 91; Seidl S. 8, 19, 25, 37, 40, 49 rechts, 56 links, 59, 60, 62, 65 unten, 67, 68, 69, 75 oben, 79, Wiederholungen S. 58–71 oben; Robert Sulzberger S. 9, 16, 23, 38, 39, 41, 42 rechts, 44, 48, 49 links, 51, 53, 55, 56 rechts, 57, 70, 74, 78, 88, Wiederholungen S. 5–35 oben, 37–57 oben, 73–93 oben.

Die im Buch veröffentlichten Ratschläge wurden von Verfasser und Verlag sorgfältig erarbeitet und geprüft. Eine Garantie kann dennoch nicht übernommen werden. Ebenso ist die Haftung des Verfassers bzw. des Verlages und seiner Beauftragten für Personen-, Sach- und Vermögensschäden ausgeschlossen.

Ein Unternehmen der Droemerschen Verlagsanstalt Th. Knaur Nachf. GmbH & Co. KG, München

Lektorat: Wolfgang Funke, Augsburg
Umschlaggestaltung: Daniela Meyer, München
Umschlagfotos: Wolfgang Redeleit (vorne) und Robert Sulzberger (hinten)
Satz, Layout und Herstellung: Hartmut Czauderna, München
Illustration: Lena Quail, Ingolstadt und Sabine Weber (S. 14, 35)
Reproduktion: Repro-Ludwig, Zell am See
Druck und Bindung: Stürtz AG, Würzburg
Gedruckt auf 135 g umweltfreundlich chlorfrei gebleichtem Papier.

ISBN 3-426-64122-4
Printed in Germany

Bitte besuchen Sie uns im Internet:
www.droemer-knaur.de

5 4 3 2 1

Inhaltsverzeichnis

Standortbeschreibung

Balkon oder Loggia sind eine wertvolle Erweiterung des Wohnbereiches – egal, ob man sich mit einer Etagenwohnung begnügen muss, weil in den Ballungsgebieten ein Haus unerschwinglich ist, oder ob es sich ums eigene Haus handelt. Ein Frühstück auf dem Balkon in den morgendlichen Sonnenstrahlen oder ein Sonnenbad nach getaner Arbeit entschädigen für viele Stunden in grauen Büros und dunklen Werkstätten.

Ebenso wichtig für das Lebensgefühl ist die Terrasse: Hier, wo man sich alleine zur Entspannung zurückzieht oder auch gesellig beisammensitzt, sorgt eine geschickte Bepflanzung für entsprechende Atmosphäre – ob lauschig von der Umgebung abgeschirmt oder mit einer stilvollen mediterranen Bepflanzung der Sonne und der Außenwelt zugewandt.

Sogar bescheidene Ernten können von einem Etagengarten eingefahren werden. Und wenn es nur ein paar Kräuter oder Balkontomaten sind, die den Speiseplan bereichern – selbst angebaut und frisch gepflückt schmecken sie einfach unübertrefflich.

Rechtliche Situation

Ein Hauseigentümer hat in der Regel uneingeschränkte Freiheiten für die Bepflanzung, was Balkon und Terrasse betrifft. Lediglich an der direkten Grenze zu Nachbars Balkon oder Terrasse sind grenzüberschreitender Wuchs und andere Belästigungen zu vermeiden.

Schon für Besitzer von Eigentumswohnungen wird es schwieriger. In größeren Wohnanlagen sind die Möglichkeiten für den Einzelnen meist exakt festgelegt. Aufgrund der Gefahren, die frei aufgestellte oder aufgehängte Behälter in luftiger Höhe bergen, ist beispielsweise in manchen Hochhäusern die Außenanbringung untersagt. Oft müssen die Balkonkästen am Geländer nach innen aufgehängt werden. Dies ist zwar wesentlich sicherer, kostet aber auch wertvollen Platz auf den oft sehr kleinen Freiluft-Wohnräumen.

Balkon oder Loggia?

Unter den potenziellen Standorten für die Bepflanzung ist zwischen Balkon, Loggia und Fenstersims zu unterscheiden. Der Balkon ist ein vom Haus weg gerichteter Anbau, der grundsätzlich nach den Seiten und oben offen ist, aber zum Beispiel durch den darüber liegenden Balkon abgedeckt sein kann. Von einer Loggia hingegen spricht man bei offenen Räumlichkeiten, die sich innerhalb der Hauswand befinden und nur nach einer Seite offen sind. Dieser Standort ist wesentlich geschützter als der nach außen exponierte Balkon, was Sonne, Wind, Regen und Temperaturen betrifft. Für die tägliche Pflege ist eine wichtige Folge, dass man in der Loggia oder auf dem überdachten Balkon trotz natürlicher Niederschläge gießen muss!

Selbstverständlich gibt es zwischen diesen beiden Formen Übergangsstadien. Wer nicht über solch großzügige Möglichkeiten verfügt, muss mit dem äußeren Fensterbrett als Standort für die Bepflanzung vorlieb nehmen.

Erst durch eine stimmungsvolle Bepflanzung wird der Sitzplatz auf der Terrasse richtig lauschig.

Für Mietwohnungen hat sich erfreulicherweise die Rechtsprechung durchgesetzt, dass jedem Mieter eine Außenbepflanzung seines Wohnraums zusteht, sofern dadurch Dritte nicht beeinträchtigt werden. Die Verschmutzung von Fensterbrett oder Balkonboden darf hierbei kein Hindernis sein; allerdings kann der Mieter verpflichtet werden, bei Auszug den Urzustand wiederherzustellen. Im Sinne des Hausfriedens empfiehlt es sich auf jeden Fall, mit dem Vermieter zu reden, wenn größere Veränderungen oder Bohrungen an der Außenwand vorgenommen werden. Natürlich ist auch auf die Bewohner der darunter liegenden Wohnung Rücksicht zu nehmen. Dass diese nicht erfreut sind, wenn ihnen das verschmutzte Gießwasser auf die trocknende Wäsche tropft, dürfte klar sein. Wie so oft gilt: Ein zeitiges Gespräch kann manch unliebsamen Ärger abbiegen.

Befestigung und Statik

Auch die Gestaltung des Fensterbretts ist oft durch die Hauseigentümer reglementiert. Werden an dieser Stelle Einzelgefäße bevorzugt, müssen Sie noch mehr als bei einem Kasten auf Nummer Sicher gehen, dass kein unschuldiger Passant von einem herabfallenden Gefäß erschlagen wird. Das heißt: Bei mehreren Einzelgefäßen sollten Sie am besten ein kleines Geländer außen andübeln, das in der Höhe etwa den Gefäßen entspricht. Der Balkonkasten lässt sich zum Beispiel durch Unterlagen sichern, die ein Abkippen nach außen unmöglich machen. Noch sicherer sind Eisenhaken, die sowohl am Kasten als auch am Haus festzumachen sind. Auch am Balkon stellt sich die Frage der Aufhängung. Im Fachhandel gibt es stabile Haken, die sich auf die Dicke der Brüstung einstellen lassen und die den ebenfalls im Handel befindlichen Gefäßen angepasst sind. Eine stabile Befestigung ist unumgänglich, weil Wind und Wetter an den Pflanzen rütteln und zerren und eine locker aufgehängte Konstruktion zu Fall bringen können. Außerdem werden die Kästen mit einer nassen Substratfüllung sehr schwer und müssen ausreichend statisch gesichert sein. Aus diesem Grund darf ein Balkon auch nicht mit vielen großen Gefäßen überladen werden!

Kleinklima und Pflanzenwachstum

Entscheidend für den gärtnerischen Erfolg ist die Frage, ob der Standort voll der Sonne ausgesetzt ist oder – im anderen Extrem – das ganze Jahr über so gut wie keinen Sonnenstrahl abbekommt. Die Antwort hat wesentlichen Einfluss auf die Auswahl der Balkonpflanzen. Südbalkone bieten die reichhaltigsten Möglichkeiten, während für die Nordseite ein deutlich kleineres, weniger farbenprächtigeres Sortiment zur Verfügung steht. Natürlich führt die Himmelsrichtung auch zu Konsequenzen bei den Pflegemaßnahmen. Unter diesem Gesichtspunkt erweist sich eine volle Südseite sogar als nachteilig: Die intensive Sonneneinstrahlung erfordert die intensivsten Bewässerungsmaßnahmen. Die durstigsten Pflanzenarten wollen an heißen Sommertagen sogar zweimal gegossen werden. Ebenso ist auf andere klimatische Gegebenheiten zu achten.

An besonders windexponierten Stellen zum Beispiel sollte man lieber auf hochwüchsige Pflanzen verzichten, aber auch auf riskante Aufhängungen. Und selbst hinsichtlich der Niederschläge gibt es in Mitteleuropa beträchtliche Unterschiede: In überdurchschnittlich regenreichen Regionen können manche Pflanzenarten nur unter dem Schutz eines Vordaches oder einem ähnlichen Schutz unsere Freude entfachen, weil ihre Blüten sonst unansehnlich werden oder sich gleich gar nicht öffnen. Andererseits kann man sich unter solchen Umständen gegenüber trockeneren Regionen so manche Gießaktion sparen.

Nordbalkon: Kaum Sonne, geringe Pflanzenauswahl, geringer Bewässerungsaufwand.

Südbalkon: Volle Sonne, eventuell Hitzestau, reichste Wuchs- und Blühkraft, hoher Bewässerungsaufwand.

Ostbalkon: Eigenschaften liegen in der Mitte von Nord und Süd; immer noch große Pflanzenauswahl; heizt sich nicht so kräftig auf wie die Westseite

West: Hier heiße Nachmittagssonne, daher höherer Bewässerungsaufwand als auf der Ostseite

Ein üppig bepflanzter Balkon schafft eine grüne Insel inmitten verdichteten Wohnraums.

Stilfragen

Möglichkeiten der Bepflanzung

Egal, ob Sie einen Sichtschutz benötigen, mit baumartigen Kübelpflanzen eine südländische Atmosphäre schaffen oder einfach mit fröhlich kombinierten Blüten einen Farbtupfer in die Balkonlandschaft setzen wollen – Samenzüchter und Gärtner halten eine reiche Auswahl parat. Für schattige Lagen allerdings, das muss man zugeben, ist die Auswahl drastisch eingeschränkt.

Dafür beschränkt sich der bunte Bewuchs für den Balkon nicht mehr nur auf den Sommer – es gibt praktisch keine Jahreszeit, in der er kahl bleiben müsste. Frühjahrsblüher wie Primeln, Stiefmütterchen oder einige Blumenzwiebeln wurden seit jeher gerne verwendet, um den Saisonbeginn einzuläuten. Neuerdings wird dieser Zeitraum durch Konzepte wie »Frühlingsflirt« um einige hübsche Stauden erweitert. Für den Winter stehen neben diversem Adventsschmuck einige Immergrüne und sogar Blütenpflanzen wie die Winterheide zur Verfügung. Und der Übergang vom Spätsommer bis dahin ist unter dem Motto »Herbstzauber« reichlich abgedeckt mit spät blühenden sowie attraktiv belaubten Stauden.

Zu einem Bauernhaus passen am besten Geranien und Petunien mit grandioser Fernwirkung.

Fern- oder Nahwirkung

Am einfachsten ist die Bepflanzung, wenn man nur auf Fernwirkung erpicht ist. Dazu genügt im Extremfall eine einzige Sorte, die durch die flächig gepflanzte, kräftige Farbe schon von größerer Entfernung ins Auge sticht. Eine Differenzierung für den näheren Betrachter in unterschiedliche Strukturen, feinere Formen und bunte oder aufeinander abgestimmte Farben erübrigt sich dabei.

Die Tradition für solch einheitliche Geranien- oder Petunien-Kästen stammt von den Bauernhäusern. Sie senden mit leuchtkräftigen Farben weithin Signale in die mehr oder we-

Solche Kombinationen mit feinen Blatt- und Blütenstrukturen erschließen sich erst bei näherer Betrachtung.

niger offene, grüne Landschaft. In den dicht bebauten Siedlungsgebieten dagegen haben sich mit der Zeit andere Bepflanzungsprinzipien herausgebildet.
Eine Auflockerung erreicht man bereits mit zwei Farben und Formen; wenn zum Beispiel Steh- und Hängegeranien in zwei korrespondierenden Rottönen kombiniert werden. Mit einer zweiten Art, zum Beispiel Petunien statt Hängegeranien, wird das Formenspektrum zusätzlich erweitert.
In einem aus vielen verschiedenen Arten zusammengesetzten Kasten kommt es zur Kombination von Farben, teilweise mit zarten Blatt- und Blütenstrukturen, die sich nur bei näherer Betrachtung erschließen.
Je nach Geschmack lassen sich grelle Kontraste oder dezente Pastellfarben vereinen. Auch Düfte kommen auf dem engen Raum gut zur Wirkung. Mancher Balkonbesitzer entschließt sich aber auch, gerade im verbauten Stadtbereich, eine kleine Naturoase anzulegen, in der naturnahe Pflanzen einen Lebensraum und vielleicht sogar einige Wildtiere Nahrung finden. Durch ein solches Biotop lässt sich die Verbundenheit mit der Natur zum Ausdruck bringen.

Geeignete Gefäße

Das Pflanzgefäß sollte in jeder Hinsicht passen: sowohl als ausreichender Wurzelraum mit den richtigen

Glasierte Keramik gehört zu den edlen Materialien und kann sich bereits ohne Bepflanzung sehen lassen.

kleinklimatischen Eigenschaften als auch vom ästhetischen Standpunkt. Denn die Behälter prägen das Bild des bepflanzten Bereichs entscheidend mit. Nur in den seltensten Fällen braucht man sich darüber keine Gedanken zu machen, weil der Architekt vorausgedacht hat: Wenn nämlich bereits Pflanzvorrichtungen in die Baulichkeiten am Balkon integriert sind.

Die möglichen Formen

Balkonkästen werden in den verschiedensten Maßen angeboten, zum Beispiel in Längen von 40, 60, 80, 100 cm und sogar mehr. Als Wurzelvolumen sollten möglichst 20 cm Tiefe und 20 cm Breite zur Verfügung stehen. Zwar finden die Pflanzenwurzeln auch in kleineren Gefäßen irgendwie Platz. Aber die Erde wird darin sehr schnell austrocknen, sodass man mit dem Gießen kaum nachkommt und langfristig mit entsprechenden Schäden rechnen muss. Eine Bepflanzung in mehreren Reihen ist in schmalen Gefäßen schon gar nicht zu verwirklichen.

Töpfe, Container und Kübel gehen nahtlos ineinander über. In allen Größen gibt es sowohl viereckige als auch runde Varianten. Die eckigen lassen sich enger stellen, aber aus ästhetischen Gründen wird man in überwiegender Zahl runden Gefäßen den Vorrang geben. Ein weiterer, für die gärtnerische Praxis nicht unwesentlicher Faktor ist die Rundung in der vertikalen Dimension: Bauchige Behälter wirken oft sehr »klassisch«; allerdings haben Formen, die oben wieder etwas schmäler werden, entscheidende Nachteile: Erstens ist es nicht möglich, beim Umpflanzen einen durchgewachsenen Wurzelballen wieder heil aus der zu engen Öffnung zu bekommen; entweder geht der Ballen oder das Gefäß dabei kaputt. Zweitens sind solche Gefäße auch stärker von Frostschäden bedroht. Denn das feuchte Substrat, das sich beim Gefrieren ausdehnt, kann aufgrund der engen Öffnung nicht nach oben ausweichen. Dadurch werden bauchige Behälter wesentlich häufiger vom Frost gesprengt.

Schalen lassen sich entweder gezielt für flach wurzelnde Pflanzen einsetzen, die mit weniger Substrat vorlieb nehmen, oder für Plätze, an denen die runden Kombinationsgefäße am

Trockene Tröge

Steintröge eignen sich besonders gut für trockenheitsverträgliche Steingarten-Pflanzungen, die nur einen geringen Substratbedarf haben. Denn wegen ihres Gewichts und der schwierigen Bearbeitbarkeit bleiben die Pflanzmulden oft sehr flach. Das Gewicht dürfte auch häufig der Hinderungsgrund sein, einen solchen Behälter auf den Balkon zu verfrachten. Auf der sonnigen Terrasse dagegen spricht vor allem der geringe Pflegeaufwand für einen naturnah bepflanzten Steintrog. Es gibt inzwischen auch täuschend echte Nachbildungen aus Kunststoff.

besten zur Wirkung kommen; zum Beispiel als Krönung eines breiten Torpfostens.

Kunststoff – leicht und erschwinglich

Balkonkästen aus Kunststoff werden in großen Mengen, in mehreren Farbtönen und in den unterschiedlichsten Maßen angeboten. Und sie sind in der Regel am billigsten. Aber wie das so ist: Das Billigste ist in den seltensten Fällen auch das Beste! Es gibt immerhin einige klare Vorteile: Kunststoff ist das leichteste Material und macht daher beim Transport wenig Schwierigkeiten. Weil sie nicht verrotten, sind solche Behälter auch lange haltbar – sofern sie stabil genug sind. Denn Kunststoff ist nicht Kunststoff, und es gibt dünnwandige und spröde Gefäße, die bei Belastung relativ schnell am Rand einreißen. Begutachten Sie daher das Material bereits vor dem Kauf genau; auf diese Weise lässt sich frühzeitigen Verlusten vorbeugen.

Nun sind diese Kunststoffkästen, auch wenn man die Wahl zwischen weißen, grünen oder braunen hat, meist nicht von betörender Schönheit. Noch mehr ins Gewicht fällt, dass viele Bauarten kein wirklich ausreichendes Volumen bieten. Kleinere Töpfe dieses Materials sind im Übrigen aufgrund ihres geringen Gewichts recht windempfindlich und daher für den Balkon schlecht geeignet.

Besonders praktisch sind Gefäße mit einem Wasservorrat. Dieser wird häufig am Boden des Kastens gestaut und durch eine Zwischenebene vom Substrat getrennt. Solche Balkonkästen eignen sich vor allem für überdachte Standorte. Wenn sie ungeschützt den Niederschlägen ausgesetzt sind, müsste man überschüssiges Wasser jeweils umgehend entfernen, denn der Stauraum verfügt ursprünglich über keinen Wasserabfluss. Abhilfe leisten seitliche Boh-

Abzugslöcher nicht vergessen!

Unverzichtbar für jedes Gefäß sind Abzugslöcher. In vielen Kunststoffgefäßen sind sie lediglich vorgestanzt und müssen vor Inbetriebnahme zum Beispiel mit einem Schraubenzieher durchgestoßen werden – das darf man nicht vergessen!
Manchmal sind diese vorgestanzten Abzugslöcher auf erhöhten Stiften oder seitlich angebracht, so dass in der tiefer liegenden Schicht ein Wasservorrat Platz hat.

rungen auf der Höhe der Zwischenebene. Andere technische Lösungen zur Bewässerung siehe Seite 86.
Bei den Kübeln findet man hochwertige Terrakotta-Nachbauten aus Kunststoff, die ihren Vorbildern täuschend ähnlich sehen, aber wesentlich leichter sind. Leider haben sich auch die Preise den echten Vorbildern stark angenähert.

Holzgefäße – immer natürlich

Vor allem dunkle Kunststoffbehälter heizen sich in der Sonne stark auf, und bei Frost geben sie – egal welche Farbe – kaum einen wirksamen Schutz ab. Ganz anders Holzbehälter: Sie isolieren sowohl gegen die Hitze im Sommer als auch gegen Frost im Winter und wirken wohltuend ausgleichend auf den Wurzelraum. Mit Holz hat man ein Material pflanzlichen Ursprungs zur Verfügung, das in praktisch allen Fällen zum lebendigen Inhalt passt und eine gemütvolle Atmosphäre schafft.
Mit etwas handwerklichem Geschick kann man sich Holzkästen in den gewünschten Maßen selbst bauen. Die Seiten werden dabei um den Boden herum und nicht darauf gesetzt. Mehr Stabilität als nur mit Schrauben oder Nägeln erhält die Konstruktion durch Verfugen, was allerdings auch handwerklich anspruchsvoller ist.
Da Holz durch Kontakt mit Feuchtigkeit mit der Zeit verrottet, sind Schutzmaßnahmen zu empfehlen. Harthölzer von Robinie oder Eiche zeigen von vornherein eine bessere Haltbarkeit. Bei einem Anstrich ist darauf zu achten, dass das verwendete Mittel keine schädlichen Stoffe enthält und an die Erde abgibt, die das Pflanzenwachstum beeinträchtigen. Teer-Öle sind aus diesem Grund abzulehnen. Biologische Präparate oder Mittel auf der Basis von Kupfer- oder Borsalzen sollten Sie bevorzugen.
Da die Feuchtigkeit am dauerhaftesten vom Substrat aus angreift, wird der beste Schutz durch zusätzliches Auslegen mit einer Folie erreicht. Am besten befestigen Sie diese innen, knapp unterhalb des Randes, so dass sie möglichst wenig ins Auge fällt. Umso wichtiger ist in diesem Fall, dass Sie daran denken, Abzugslöcher für überschüssiges Wasser anzule-

Damit das urige Fass nicht so schnell verrottet, legt man es vor Einfüllen des Substrats mit Folie aus.

gen, etwa im Abstand von 20 cm. Hölzerne Einzelgefäße sind selten. Für Kübelgehölze, als große Schalen sowie sogar für kleine Wassergärten sieht man allerdings häufig ganze oder halbierte Holzfässer. Sie können, je nach Größe, mit dem Substrat sehr schwer werden. Auch Fässer legt man am besten mit Folie aus, um die Haltbarkeit zu verbessern.

Eternitkästen – groß und schwer

Eternitgefäße haben relativ große Ausmaße. Die Kästen sind zum Beispiel für mehrreihige Bepflanzungen oder für das Legen von Blumenzwiebeln geeignet. Negativer Nebeneffekt ist, dass die Gefäße zusammen mit dem feuchten Substrat sehr schwer werden. Zum Transportieren benötigt man in der Regel einen Helfer. Vor allem aber müssen Bausubstanz sowie Aufhängung in der Lage sein, das Gewicht dauerhaft zu tragen.
Mit Eternit wird häufig »Asbest« assoziiert, und mit Asbest »Krebserkrankung«. Daher stehen viele Menschen diesem Material ablehnend gegenüber. Heutzutage hergestellte Eternitgefäße sind jedoch frei von den schädlichen Asbestfasern. Selbst wenn es sich um ein altes, asbesthaltiges Gefäß handeln sollte: Gefährlich ist nicht die Berührung des Materials, sondern es sind die Fasern, die vor allem bei der Bearbeitung frei werden. Bei hohen Asbestanteilen in der Bausubstanz eines Hauses können die Fasern auf Dauer über die Atemluft in die Lunge der Bewohner vordringen. Die Belastung durch stabile Gefäße im Freien fällt dagegen nicht ins Gewicht.

Tongefäße besitzen natürlichen Charme. Hochwertige Ware ist frostsicher gebrannt.

Der gute Ton

Ton-, Keramik- und Terrakotta-Gefäße eignen sich am besten, um südländisches Flair zu erzeugen oder die Fläche kunstvoll zu gestalten. Aus frostsicher gebrannter Terrakotta werden mit die hochwertigsten Pflanzkübel und -schalen hergestellt. Als Kästen bekommt man das Material nur in kleineren Formaten, denn größere werden zu schwer und wuchtig.
Tongefäße sind recht standfest, aber eben auch zerbrechlich. Weil sie durch die Poren der Wände »atmen«, sorgen sie einerseits für einen Klimaausgleich zwischen innen und außen, die Pflanzen neigen aber auch zu rascherem Austrocknen als beispielsweise in Kunststoffbehältern.
Wenn mit stark kalkhaltigem Wasser gegossen wird, muss man die Gefäße

gelegentlich von den weißlichen Ablagerungen befreien. Bei glasierten Ton- oder Steingutgefäßen kann das nicht passieren; dafür sind sie auch teurer als unglasierte. Deshalb ist es besonders ärgerlich, wenn sie durch die Sprengwirkung des feuchten Substrats kaputtgehen. Im Winter darf man solche Behälter daher nur unter frostsicheren Verhältnissen einsetzen.

Untersetzer fangen Wasser auf

An manchen Standorten benötigen die Gefäße zusätzliche Untersetzer: Dies ist beispielsweise der Fall, wenn der Untergrund oder auch die darunter liegende Etage vor dem abfließenden Wasser geschützt werden muss. In diesen Fällen ist es also eher eine Frage der Etikette.
In der Praxis sind Untersetzer vor allem in überdachten Situationen erforderlich, wo der Wurzelballen leicht austrocknet und kaum mehr Wasser aufnehmen würde, wenn es nicht langsam aus dem Untersetzer aufgesaugt werden könnte. Ohne den Schutz einer Überdachung dagegen sind Untersetzer sogar meist »verboten«. Denn nach Niederschlägen würde das Wasser im Untersetzer stehen bleiben, und wenn es nicht rechtzeitig abgeschüttet wird, würden die Wurzeln im dauernassen Substrat beginnen zu faulen.
Untersetzer können Sie im Gartencenter in nahezu allen Materialien, Formaten und Farbtönen passend zum Gefäß besorgen.

Pflanzen gekonnt kombinieren

Je mehr Arten in einer Bepflanzung zum Einsatz kommen, desto mehr Faktoren müssen für die gelungene Zusammenstellung berücksichtigt werden. Bei jedem Kasten sollten Sie zu Beginn ein oder zwei Leitpflanzen festlegen, die durch ihre Größe und Wuchsform sowie die Dauer bzw. die Auffälligkeit ihrer Blüten die Pflanzung dominieren. Häufig sind dies Arten wie Geranien, Petunien, Begonien, Strauchmargeriten oder Ziertabak.

Abb. rechts: Aufrechte Arten pflanzt man nach hinten, überhängende sollen über den vorderen Rand stehen.

Diese Pflanzen werden in der Regel symmetrisch in den Kästen verteilt, also links und rechts mit gleichem Abstand zur Mitte, und eventuell noch in der Mitte. Bei genügend breiten Kästen kommen die aufrechten Arten versetzt in die zweite Reihe, während die hängenden Arten den Vordergrund und meist auch die Ränder beherrschen.
Zwischen diese Leitpflanzen können Sie nun die weniger auffälligen oder ausdauernden Begleitpflanzen platzieren. Nach Möglichkeit sollte man dazu Pflanzen mit einigermaßen ähnlichen Ansprüchen in einem Kasten kombinieren, weil sie einheitlich gegossen und gedüngt werden müssen. Außerdem empfiehlt es sich immer, aufrechte, Polster bildende und hängende Arten möglichst abwechselnd anzuordnen, so dass sie den Raum optimal nutzen und das abwechslungsreiche Bild einer geschlossenen Pflanzengruppe abgeben.

Vielseitige Farben und Formen

Je nach Geschmack wird man sich zunächst auf eine grundsätzliche Richtung festlegen:

- eine einheitliche Bepflanzung mit guter Fernwirkung,
- ein kräftiger zweifarbiger (und zweiförmiger) Kontrast,
- ein Farb-Dreiklang,
- eine bunte Vielfalt,
- ausschließlich Pastellfarben oder
- eine Ton-in-Ton-Pflanzung.

Knallige Farben in einer kontrastreichen Zusammenstellung leuchten uns fröhlich entgegen.

Einzelheiten dazu siehe in der »Kleinen Farblehre«.
Bei einer möglichst kontrastreichen Zusammenstellung sorgen jedoch nicht nur die Farben, sondern auch die Wuchs-, Blatt- und Blütenformen für Abwechslung. Zahlreiche bewährte Blattpflanzen, wie Weihrauch oder Silberstrohblume, können etwas Ruhe in die sonst vielleicht allzu bunte Mischung bringen.
Für Überraschungen sorgen Gemüse, Kräuter oder Früchte, wenn man sie zwischen die Balkonblumen setzt: Ob Eierpflanze oder Cocktailtomate, weißbunter Thymian oder Dill – der ungewohnte Anblick zieht die Blicke auf sich und bildet in so mancher Balkonbepflanzung die eigentliche Attraktion für Menschen und Insekten.

Leitpflanzen-farbe	Wirkung	dazu passend
WEISS	neutral, kühl, hell	kräftige Farben
ROT	lebhaft, anregend	am besten mit Grün, sonst Gelb und andere warme Töne
ROSA	zart, vornehm oder fröhlich	je nach Tönung, häufig Blau; gut mit graulaubigen Arten
ORANGE	leuchtend, warm	kontrastreich mit Blau oder Violett, harmonisch mit Lachs- und Cremetönen
GELB	erfrischend, abgetönt wärmer als hell	kontrastreich mit Blau oder Violett, harmonisch mit warmen Tönen
BLAU	kühl, beruhigend	kontrastreich mit Gelb, harmonisch mit Rosa
VIOLETT	kühl	helle Farben

Ein kraftvoller Kontrast (Kapkörbchen und Strauchmargerite) wirkt auf die Umgebung belebend, aber nicht unruhig.

EXTRA: Kleine Farblehre

Um die gewünschte Wirkung zu erzielen, lohnt es, sich einmal näher mit den Farben zu beschäftigen. Wertvolle Hilfestellung dabei leistet der so genannte Farbkreis, in dem die drei Grundfarben Rot, Gelb und Blau ein gleichseitiges Dreieck bilden.

Die Wirkung der Farben

Warme Farben wie Gelb, Orange oder Zinnoberrot wirken nicht nur anregend, sie treten sogar optisch in den Vordergrund. Gerade deshalb aber sollten Sie sie auf dem Balkon eher zurückhaltend einsetzen.
Kalte Farben wie Blau, Violett, Blaugrün und Weiß wirken ebenso erfrischend wie entspannend. Sie eignen sich, um den Raum größer wirken zu lassen, ebenso wie helle Töne. Diese erscheinen immer freundlich, was besonders im ansonsten eher betrübten Schatten wichtig ist. Dunkle Töne strahlen mehr Ruhe aus und brauchen unbedingt viel Sonnenlicht. Im Schatten bleiben sie zu stumpf.

Warme und kalte Töne lassen sich selbstverständlich auch kombinieren. Weiße und graue Blüten sowie abgetönte Farben wirken dabei harmonisierend, sie scheinen kräftige Kontraste zu verringern.

Zwei- und Dreiklang

Für einen Zweiklang drängt sich die Kombination Blau und Gelb mit vielen Arten auf, Rot und Weiß lässt sich ebenso leicht verwirklichen. Wenn sich zwei Farben im Farbkreis genau gegenüberstehen, wie Orange und Blau oder Gelb und Violett, so bezeichnet man sie als Komplementärfarben. Diese ergeben einen besonders kräftigen Kontrast.
Drei Farben wirken dann besonders harmonisch, wenn sie sich innerhalb des Farbkreises durch ein gleichschenkliges Dreieck verbinden lassen, in dem also zwei Seiten gleich lang sind. So entsteht ein echter Dreiklang.

Überwiegend in einem Farbton blühende, wichtige Arten des Sommerflors

WEISS:
Strauchmargerite (*Argyranthemum*)
Schneeflocke (*Sutera* syn. *Bacopa*)
Weiße Wucherblume (*Hymenostemma paludosum*)
Duftsteinrich (*Lobularia maritima*)

GELB BIS ORANGE:
Goldzahn (*Bidens*)
Goldtaler (*Asteriscus*)
Zwergstrohblume (*Helichrysum-Bracteatum*-Hybride)
Husarenknöpfchen (*Sanvitalia*)
Gelbe Strauchmargerite (*Argyranthemum, Euryops*)
Wandelröschen (*Lantana*)
Mittagsgold (*Gazania*)
Studentenblume (*Tagetes*)
Pantoffelblume (*Calceolaria*)
Kapuzinerkresse (*Tropaeolum*)
Gelbe Zwergwucherblume (*Coleostephus multicaulis*)

ROTTÖNE:
Elfensporn (*Diascia*)
Köcherblume (*Cuphea)*
Feuersalbei (*Salvia splendens)*

BLAU BIS VIOLETT:
Vanilleblume (*Heliotrop)*
Fächerblume (*Scaevola*)
Männertreu (*Lobelia erinus*)
Blaues Gänseblümchen *(Brachycome*)
Blaumäulchen (*Torrenia*)
Kap-Aster (*Felicia*)
Mehl-Salbei (*Salvia farinacea*)
Blaue Mauritius (Convolvulus)
Leberbalsam (*Ageratum*)

In dieser Ton-in-Ton-Pflanzung kommt der warme Charakter der gelben Farbe besonders zur Geltung.

Ton in Ton

In so genannten Ton-in-Ton-Pflanzungen wird nicht die Vielfarbigkeit angestrebt, sondern eine feinsinnige Abstimmung. Man wählt dazu nahe beieinander liegende Töne aus einem Farbbereich. Es ist aber auch möglich, von einer einzigen Farbe satte und aufgehellte Töne zu kombinieren. Verwendet man verschiedene Pflanzen in gleicher Blütenfarbe, so spricht man von einer monochromen Zusammenstellung. Eine ähnlich beruhigende Wirkung wie Ton-in-Ton haben zarte Pastellfarben, die in den letzten Jahren vermehrt von den Züchtern angeboten werden.

Von den meisten anderen wichtigen Balkonpflanzen gibt es Sorten in vielen Farbtönen, wie zum Beispiel Geranien, Petunien, Impatiens, Verbenen und Begonien.

Silberlaubige Pflanzen für Balkon und Terrasse zum Kombinieren:

- Silberstrohblume (*Helichrysum-Petiolare*-Sorten)
- Kreuzkraut (*Senecio*)
- Silberkopf (*Calocephalus*)
- Heiligenkraut (*Santolina*)
- Currykraut (*Helichrysum italicum*)
- Silberzapfen (*Helichrysum thianschanicum*)
- Silberlavendel (*Lavandula lanata*)
- Silbersalbei (*Salvia officinalis*, 'Nazareth')

Weitere Strukturpflanzen siehe ab Seite 58.

Tipps zur Gesamtgestaltung von Balkon und Terrasse

Bei der Gestaltung eines ganzen Balkons sollten Sie einheitliche Gefäße einsetzen oder diese zumindest hinsichtlich Material und Farbe aufeinander abstimmen. Freilich kann eine bunte Mischung fantasievoller Behälter auch sehr lebendig wirken, aber unter ungünstigen Umständen ergibt sich nur der Eindruck eines willkürlichen Sammelsuriums.
Es empfiehlt sich, die Leitpflanzen, aber auch bestimmte Kombinationsmotive in mehreren Balkonkästen oder Schalen zu wiederholen. Gerade

in der Vielfalt braucht das Auge Halt, um die Feinheiten dazwischen wahrnehmen zu können. Und das wird durch solche Wiederholungen gewährleistet.
Natürlich spielt auch die Umgebung eine entscheidende Rolle. Vor einer hellen Wand beispielsweise sollten weiße Blüten nur sehr zurückhaltend eingesetzt werden; hier sind kräftige und dunklere Farben empfehlenswerter. Ruhige, grüne Flächen sind der ideale Hintergrund für lebhafte Arrangements.
Vor einem kräftigen oder dunklen Hintergrund hingegen sind eher zarte und helle Farben gefragt. Ganze Ton-in-Ton-Pflanzungen ziehen mit ihren leiseren Tönen in einer ansonsten unruhigen Umgebung die Blicke auf sich.
Kübelpflanzen werden gerne an den Ecken von Balkon oder Terrasse postiert. Die meisten der exotischen Blütengehölze kommen eh bei Einzelstand am besten zur Wirkung. Wer jedoch viele solcher Pflanzen besitzt, der kann auch drei und mehr unterschiedlich große zusammenstellen, mit der größten in der Mitte, so dass keine die andere komplett verdeckt. Dagegen sollte man sich keinesfalls verleiten lassen, sie wie die Orgelpfeifen nach der Größe geordnet nebeneinander aufzureihen. Das mag zwar einem gewissen Ordnungssinn entsprechen, wirkt aber bei Pflanzen völlig unnatürlich.

Eine tolle Kombination: Silbergraues *Helichrysum petiolare* und blaue Tapien-Verbenen.

Lösungen für alle Lagen

Pflegeleicht: naturnahe Kästen

Bei den meisten typischen Balkonpflanzen ist der Züchtungscharakter eindeutig zu erkennen. Andere Arten fügen sich ohne weiteres in ein kleines, scheinbar wildes Biotop ein, ohne aus dem Rahmen zu fallen. Die Übergänge von einem angelegten Balkonkasten zu einem kleinen Naturreservat sind freilich fließend. Im Extrem können Sie einfach einen Kasten mit Erde auf den Balkon stellen und abwarten, was sich darin von selbst ansiedelt. Teils fliegen die Samen von den nächstgelegenen Wiesen an, teils werden sie von Vögeln herangetragen. Mit der richtigen Einstellung kann man daran seine Freude haben, wenn sich der Überraschungskeimling als zartes Weidenröschen, als robustes Gänseblümchen, als Mohn, als Habichtskraut oder auch als widerspenstige Brennnessel entpuppt. Wer viel Platz zur Verfügung hat und mitten in der Stadt wohnt, darf ruhig einmal Mut zu einem solchen Experiment haben, bei dem die verdrängte Natur zumindest ein winziges Stückchen Erde wieder zurückerobern kann.

Ringelblume, Kornblume und Kosmee sind Sommerblumen mit naturnahem Charakter. Gerade weil sie zum Teil für den Balkon etwas zu hochwüchsig und deshalb »anlehnungsbedürftig« sind, wirken sie natürlich. Von den Sonnenblumen, die mit ihren riesigen Blütentellern besonders Eindruck machen, gibt es zwergwüchsige Sorten, die nicht mehr als 40 cm hoch werden.

Einen sehr natürlichen Eindruck machen Gräser und Farne. Es gibt zahlreiche Sorten von kleinwüchsigen Gräsern, die sich gut für warme Standorte eignen. Mit den filigranen Wedeln der Farne hingegen lassen sich vorzüglich schattige Bereiche begrünen.

Recht anspruchslos, dabei aber noch nützlich sind viele unserer Kräuter. Und sie passen gut in naturnahe Be-

Unter mehreren natürlich wirkenden Arten ragen Sonnenblumen buchstäblich heraus.

Einjährige

Ringelblume (*Calendula officinalis*)
Kornblume (*Centaurea cyanus*)
Goldlack (*Cheiranthus cheiri*)
Wucherblumen (*Chrysanthemum coronarium, Chr. Segetum*)
Mädchenauge (*Coreopsis tinctoria*)
Schmuckkörbchen (*Cosmea bipinnatus*)
Rittersporn (*Delphinium ajacis*)
Kalifornischer Mohn (*Eschscholzia californica*)
Schleierkraut, Einjähriges (*Gypsophila muralis*)
Lein (*Linum* spec.)
Jungfer im Grünen (*Nigella damascena*)
Resede (*Reseda odorata*)
Vogelwicke (*Vicia cracca*)

Mehrjährige

Garbe (*Achillea spec.*)
Kriechender Günsel (*Ajuga-Reptans*-Sorten)
Frauenmantel (*Alchemilla vulgaris*)
Perlkörbchen (*Anaphalis triplinervis*)
Färberkamille (*Anthemis tinctoria*)
Akelei (*Aquilegia spec.*)
Prachtspiere (*Astilbe chinensis* 'Pumila')
Steinsame (*Buglossoides purpurocaerulea*)
Glockenblumen (*Campanula* spec.)
Spornblume (*Centranthus ruber*)
Mädchenauge (*Coreopsis grandiflorum)*
Kartäusernelke (*Dianthus carthusianorum*)
Heidenelke (*Dianthus deltoides*)
Natternkopf (*Echium vulgare)*
Efeu (*Hedera helix)*
Purpurglöckchen (*Heuchera* spec.)
Schwert-Alant (*Inula ensifolia*)
Zwerg-Iris (*Iris-Barbata-Nana*-Hybriden)
Lavendel (Lavandula angustifolia)
Leinkraut (*Linaria* spec.)
Lein (*Linum perenne*)
Katzenminze (*Nepeta x faassenii*)
Nachtkerze (*Oenothera missouriensis*)
Gedenkemein (*Omphalodes verna*)
Ziest (*Stachys* spec.)
Edel-Gamander (*Teucrium chamaedrys*)
Immergrün (*Vinca minor)*
Hornveilchen (*Viola cornuta)*

pflanzungen. Lippenblütler wie der Ysop oder die Zitronenmelisse lassen sich nicht nur zum Verfeinern unserer Speisen verwenden, ihre Blüten gelten gleichzeitig als Anziehungspunkt für eine Großzahl von Insekten. Weitere Einzelheiten siehe Seite 62.

Eine Bepflanzung mit trockenheitsresistenten Mauerpfeffer- und Hauswurzarten sowie anderen Bergbewohnern ist vor allem denjenigen anzuraten, die wegen häufiger Abwesenheit oder Vergesslichkeit das Gießen vernachlässigen (siehe S. 25).

So bleibt ein breites Feld zum Experimentieren mit Sommerblumen (siehe auch Seite 57), Stauden, Steingartenbewohnern, Kräutern und sogar kleinen Gehölzen. Die obenstehenden Arten stehen beispielhaft für eine riesige Auswahl, die noch ihrer Entdeckung harrt.

Pflanzbeispiele für schattige Lagen

Schattige Balkone können in heißen Sommern, vor allem zur Mittagszeit, eine wahre Oase sein. Auch viele Pflanzen empfinden es so, weil sie unter der Hitze leiden und in ihren

Pflanzbeispiele für den Schatten

A 80 x 20 cm
1 Fuchsie blauweiß
2 Schneeflocke
3 Männertreu
4 Efeu

A

B 100 x 25 cm
1 Pantoffelblume
2 Buntnessel
3 Hängefuchsie rot-weiß
4 Fleißiges Lieschen rosa
5 Gundermann

B

C 80 x 20 cm
1 Knollenbegonie rot
2 Hängefuchsie blau-rot
3 Weihrauch

C

D 100 x 20 cm
1 Zigarettenblümchen
2 Knollenbegonie orangerot
3 Männertreu
4 Lamium

D

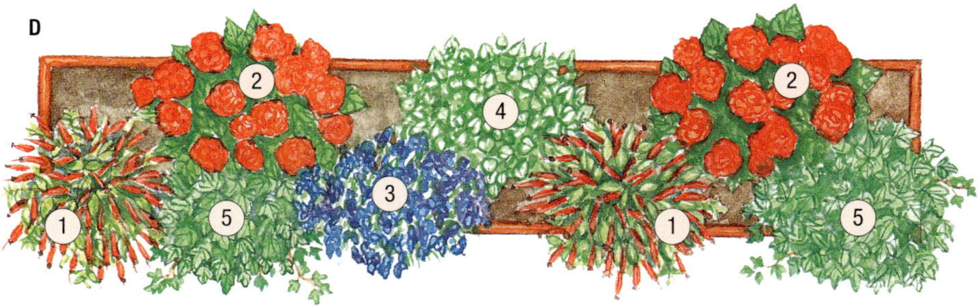

beschränkten Gefäßen gar nicht genug Wasser bekommen können. Aber leider ist das unter den Blütenwundern, die für unsere Zwecke selektiert und gezüchtet wurden, die Minderheit: Die meisten brauchen möglichst viel Sonne, um den erwünschten Flor zu liefern. Die Auswahl an Pflanzen, die auch im Schatten zufrieden stellen, ist leider beschränkt. Balkone und Terrassen in völlig absonniger Lage sind jedoch auch eher selten. Häufig handelt es sich um Übergangsbereiche, und dafür erweitert sich das Spektrum in Frage kommender Arten schon beträchtlich. Reine Schattenblüher, die sich genetisch auf einen mangelhaft belichteten Standort eingestellt haben, gibt es nur wenige, allen voran Fleißiges Lieschen und Fuchsien. Semperflorens- und Knollenbegonien, Pantoffelblume, Zigarettenblümchen (*Cuphea ignea*) und Blaumäulchen (*Torenia*) kommen am besten im Halbschatten zurecht. Die Schneeflocke blüht hier zwar nicht so reich wie in sonniger Lage, aber dauerhafter. Denn unter Beschattung gerät sie nicht so leicht in Gefahr, dass ihr Substrat einmal völlig austrocknet. Und wenn das geschieht, setzt die Pflanze über mehrere Wochen mit der Blüte aus.
Und dann gibt es noch eine nicht geringe Anzahl von Arten, die zwar im Halbschatten nicht die volle Leistung bringen, aber doch ausreichend blühen und gedeihen, so dass sie als Bereicherung für das schmale Sortiment zu betrachten sind. Hierzu gehören so gängige Balkonpflanzen wie Strauchmargeriten, Männertreu und Verbenen, Elfensporn (*Diascia*), Husarenknöpfchen (*Sanvitalia*) und Silberstrohblume (*Helichrysum petiolare*) sowie einige Sommerblumen wie Tagetes, Leberbalsam oder Nierembergie.
Eine befriedigende Auswahl hat man im Schatten unter den Strukturpflanzen, die mehr durch ihr Laub als durch ihre Blüten überzeugen. Der Efeu ist sogar eine reine Schattenpflanze, die durch ihre zurückhaltende Eleganz und viele blattbunte Sorten in den letzten Jahren wieder viele Freunde gefunden hat.
Pflanzen des Halbschattens sind auch Buntnessel (*Coleus*) und Taubnessel (*Lamium*). Weihrauch, Gundermann und Ananasminze sind ebenfalls geeignet, und aus dem Zimmerpflan-

Fuchsien, Begonien und Fleißige Lieschen sind die wichtigsten Arten für den Schatten.

E 100 x 20 cm
1 Leberbalsam
2 Torenia
3 Tagetes
4 Husarenknöpfchen
5 Weihrauch

F 100 x 20 cm
1 Knollenbegonie weiß
2 Diascia rosa
3 Verbena rot
4 Ananasminze
5 Efeu
6 Hängepelargonie rot

G 80 x 20 cm
1 Fuchsie rot (-weiß)
2 Strauchmargerite
3 Hängefuchsie rot(-weiß)
4 Silberstrohblume
5 Schneeflocke

H 100 x 20 cm
1 Pantoffelblume
2 Leberbalsam
3 Diascia
4 Männertreu
5 Gundermann

Pflanzbeispiele für Halbschatten

E

F

G

H

zen-Sortiment lassen sich Iresine, Grünlilie und Muehlenbeckie für unsere Zwecke einsetzen.

Ideal für heiße Lagen: Troggärten

Wer befürchtet, auf einem Balkon oder einer Terrasse in voll sonniger Lage nicht genügend gießen zu können, der kann einen kleinen Steingarten gestalten, dessen Bepflanzung über längere Zeit mit Trockenheit zurecht kommt. Aber natürlich gibt es auch gute ästhetische Gründe, eine solche Pflanzung anzulegen. Denn die Mini-Landschaften aus genügsamen Arten mit meist zarten, dafür aber umso charmanteren Blüten haben ihren ganz besonderen Reiz. Sie lassen sich gut im Bereich des Hauseingangs oder am Rand von Wegen platzieren, wo sie jedem Passanten ins Auge fallen. Da ein Großteil der Arten nicht nur winterhart, sondern auch immergrün ist, bleibt die dekorative Wirkung auch während der kalten Jahreszeit erhalten.

Behälter und ihr Material

Für solche Trockenbiotope genügen Gefäße mit wenig Wurzelraum, wie Schalen oder Tröge. Selbst auf einem Stein lassen sich wunderschöne Situationen schaffen.

Wenn der Miniaturgarten im Freien überwintern soll, muss das Material ausreichend frostbeständig sein.

Das ist bei Steintrögen der Fall. Da sie sehr schwer sind, dürfen sie allerdings auf dem Balkon nicht in unbegrenzter Zahl eingesetzt werden. Verwenden Sie in Ihrem Bereich nach Möglichkeit jeweils nur eine Gesteinsart. Außer deren Form und Farbe ist auch die chemische Beschaffenheit, insbesondere der Säuregehalt, von Bedeutung. Alpine Stauden und Gehölze haben sich häufig auf den pH-Wert des umgebenden Gesteins spezialisiert. Wer auf Pflanzengesellschaften der Kalkalpen Wert legt, muss daher zwangsläufig auf eine Form von Kalkgestein zurückgreifen. Alpine Arten, die auf silikatischem Urgestein gedeihen, sind dagegen auf einen sauren pH-Wert eingestellt. Wer diese Pflanzen bevorzugt, verwendet Melaphyr oder Hartgestein wie Gneis oder Granit.

Bei Arten, die mit wenig Substrat auskommen und Trockenheit vertragen, dürfen die Abzugslöcher im Trog keinesfalls vergessen werden. Andernfalls, wenn Wasser nicht abflie-

Auch Trockentröge mit ihrer dünnen Substratschicht müssen nicht auf Blüten verzichten.

ßen kann, entsteht nach Niederschlägen eine Sumpflandschaft, in der die Steingartenpflanzen verfaulen.
Aus demselben Grund empfiehlt es sich, etwa ein Viertel der Trogtiefe für eine Dränageschicht aus Kies, Blähton oder Scherben zu reservieren. Als Substrat eignet sich eine Mischung aus Gartenerde, Splitt und gesiebtem, reifem Kompost (ersatzweise gedüngte Blumenerde) im Verhältnis 3 : 2 : 1. Um ein zu rasches Austrocknen zu vermeiden, kann zum Beispiel noch Vermiculite beigemengt werden.

Bepflanzung

Nicht nur mit Rücksicht auf das verwendete Gestein lohnt es sich, bevorzugt Arten zusammenzustellen, die auch in der Natur in gemeinsamen Regionen wachsen. Dadurch ergibt sich wie von selbst der harmonische Eindruck einer Landschaft. Wer Lust hat, stellt sich die Flora seines Lieblingsgebirges zum Thema.
Der günstigste Termin zur Pflanzung liegt im Frühjahr zwischen März und Mai, ersatzweise auch im September/Oktober; dann allerdings sollten die gerade erst angewurzelten Pflanzen, zum Beispiel durch eine Reisigabdeckung, vor der ersten Überwinterung etwas gegen Frost geschützt werden.
Weil der besondere Vorteil in der Trockenheitsverträglichkeit liegt, beschränken wir uns bei den hier vorgestellten Arten auf voll sonnige Lagen. Aber selbstverständlich gibt es auch welche, die sich für den Schatten eignen. Um das Spektrum einigermaßen umfassend kennen zu lernen, können Sie spezielle Literatur über Stein- und im Besonderen Troggärten studieren (siehe Anhang Seite 94).

Besonders raffiniert wirkt ein Kalkstein, dessen Höhlen mit kleinen alpinen Arten bepflanzt ist.

Zwerggehölze prägen die Miniaturlandschaft

Beginnen Sie mit dem Einsetzen der Zwerggehölze, welche die Pflanzengemeinschaft dominieren. Entsprechend müssen sich die anschließend gepflanzten Stauden gestalterisch unterordnen.
Es gibt unter den Laubgehölzen einige Zwergformen, die unter den beschriebenen Bedingungen gedeihen können. Überwiegend jedoch eignen sich am besten Nadelgehölze, sowohl was die Ansprüche als auch den äußeren Charakter betrifft. Die nachfol-

Nadelgehölze für den Troggarten
Zwerg-Balsamtanne
(*Abies balsamea* 'Nana')
Zwerg-Fadenzypresse
(*Chamaecyparis pisifera* 'Pygmaea')
Serbische Zwerg-Fichte
(*Picea omorika* 'Minima')
Krummholz-Kiefer
(*Pinus mugo* 'Brevifolia')
Blauer Kriech-Wacholder
(*Juniperus horizontalis* 'Glauca')
Himalaya-Wacholder
(*Juniperus squamata* 'Blue Star')

gende Liste nennt einige Beispiele aus den Gattungen Fichte, Tanne, Kiefer, Scheinzypresse und Wacholder. Freilich gibt es zahlreiche weitere zwergige Arten und Sorten – es lohnt sich, den Katalog einer gut sortierten Baumschule zu studieren.

Kleine Auswahl von Steingarten-Stauden für den Trog

Steinkraut (*Alyssum saxatile*)
Immergrüne Polster mit gelben Blüten im April/Mai; danach kräftig zurückschneiden. Für kalkhaltiges Substrat.

Mannsschild (*Androsace* spec.)
Flache Polster aus Blattrosetten, im Frühjahr hübsche rötliche Blüten mit gelbem Auge. Zahlreiche Arten und Sorten für saure oder kalkhaltige Standorte.

Grasnelke (*Armeria* spec.)
Immergrüne, grasartige Laubhorste mit rosa Blütenköpfchen im Frühling. Für kalkhaltiges Substrat.

Nelke (*Dianthus microlepis, D. erinaceus, D. pavonius*)
Mehrere zwergige Arten mit Polstern aus schmalen Blättern, teilweise immergrün, überwiegend für kalkhaltiges Substrat. Meist erst im Sommer blühend.

Hungerblümchen (*Draba* spec.)
Kleine, immergrüne Blattpolster, ab März gelbe Blütendolden. Für kalkhaltiges Substrat.

Silberwurz (*Dryas octopetala*)
Zwergstrauch, bildet immergrüne Teppiche aus glänzend dunkelgrünem Laub. Im Frühjahr weiße Blütenbecher, später silbrig behaarte Samenstände. Für kalkhaltiges Substrat.

Ein Kräuterkrug mit seinen Balkonen eignet sich auch für Hauswurz & Co.

Alpiner Trog für sonnige Lage
100 cm lang, 30 cm breit

1 Kriechwacholder (*Juniperus horizontalis*, Glauca')
2 Serbische Zwergfichte (*Picea omorika* 'Minima')
3 Krummholz-Kiefer (*Pinus mugo* 'Brevifolia')
4 Silberwurz (*Dryas octopetala*)
5 Zwerg-Grasnelke (*Armeria juniperifolia*)
6 Hungerblümchen (*Draba aizoides*)
7 Enzian (*Gentiana acaulis*)
8 Dickblatt-Steinbrech (*Saxifraga cotyledon*)
9 Steinkraut (*Alyssum saxatile*)
10 Steintäschel (*Aethionema oppositifolium*)

Enzian (*Gentiana* spec.)
Typische blaue Blütenköcher. Während *Gentiana clusii* und *G. kochiana* sowie der Frühlings-Enzian (*G. verna*) auf kalkhaltigem Untergrund wachsen, bevorzugt der Stängellose Enzian (*G. acaulis*) kalkfreies Substrat.

Kugelblume (*Globularia* spec.)
Winzige, immergrüne Halbsträucher bilden flache Teppiche, aus denen sich im Mai/Juni bläuliche Blütenköpfchen erheben. Für kalkhaltiges Substrat.

Bitterwurz (*Lewisia cotyledon*)
Im Juni-August hübsche Blütenbecher an 20 cm langen Stielen über immergrüner Blattrosette, verschiedene Farbsorten. Gegen Winternässe schützen.

Felsennelke (*Petrorhagia saxifraga*)
Im Sommer zarte Blüten über grasartigen Horsten, erinnert an Schleierkraut.

Primel (*Primula auricula*)
Fleischige, immergrüne Blätter, von April bis Juni gelbe Blütenbüschel. Bevorzugt für halbschattige und kalkhaltige Standorte.

Küchenschelle (*Pulsatilla* spec.)
Mehrere geeignete Arten mit meist

Bepflanzter Kalkstein
50 – 60 cm lang

1 Frühlings-Enzian (*Gentiana verna*)
2 Zwergnelke (*Dianthus microlepis*)
3 Zwerg-Grasnelke (*Armeria juniperifolia*)
4 Schriftfarn (*Asplenium ceterach*)
5 Pyrenäen-Steinbrech (*Saxifraga longifolia*)

bläulichen Blütenbechern im Frühjahr, danach dekorativen, silbrigglänzenden Samenständen.

Steinbrech (*Saxifraga* spec.)
Meist immergrüne Blattrosetten. Darüber hinaus ragen zarte Blütenrispen, Termin und Kalkbedarf je nach Art.

Mauerpfeffer (*Sedum* spec.)
Zahlreiche Arten mit fleischigen Blättern und geringem Substratbedarf. Weißer M. (*S. album*) blüht weiß, Scharfer M. (*S. acre*) gelb. Darüber hinaus zahlreiche weitere kleinwüchsige Arten.

Alpiner Trog für halbschattige Lage
80 cm lang, 25 cm breit

1 Himalaya-Wacholder (*Juniperus squamata* 'Blue Star')
2 Igelfichte (*Picea abies* 'Echiniformis')
3 Aurikel (*Primula auricula*)
4 Hauswurz (*Sempervivum* spec.)
5 Versch. Steinbrech-Arten (*Saxifraga* spec.)
6 Weißer Mauerpfeffer (*Sedum album*)
7 Glockenblume (*Campanula pulla*)
8 Kugelblume (*Globularia* spec.)
9 Zimbelkraut (*Cymbalaria aequitriloba*)

Hauswurz (*Sempervivum* spec.)
Immergrüne Rosetten aus fleischigen Blättern, aus denen sich im frühen Sommer die Blütensternchen erhe-

Trog für schattige Lagen
60 cm lang, 25 cm breit

1 Zwergbirke (*Betula nana*)
2 Streifenfarn (*Asplenium viride*)
3 Schlangenbart (*Liriope muscari*)
4 Alpenveilchen (*Cyclamen coum*)
5 Gänsekresse (*Arabis ferdinandi-coburgi*)
6 Felsenteller (*Ramonda myconi*)
7 Walddickblatt (*Chiastophyllum oppositifolium*)
8 Moos-Steinbrech (*Saxifraga hypnoides*)

ben. Interessant sind vor allem die Hybriden mit verschiedenen Blütenfarben sowie Färbungen (manchmal rötlich) und Zeichnungen der Blattrosetten. Brauchen extrem wenig Erde. Sehr ähnlich im Erscheinungsbild sind die Gattungen *Sempervivella*, *Rosularia* und *Jovibarba*.

Thymian (*Thymus* spec.)
Niedrige Polster von winzigem, aromatisch duftendem Laub. Besonders winzig: 'Elfin'. Nicht alle Sorten blühen zuverlässig, dafür verschiedene Blattfärbungen.

Teiche für Balkon und Terrasse

Miniteiche stellen eine reizvolle Alternative dar zu den üblichen Blumenkästen mit Geranien und Petunien. Wenn man sie als Blickfang einsetzt, dann werden aus unbeachteten Ecken auf einmal lauschige Plätze. Durch Kombination von Trögen, Wannen, Fässern und Schalen lassen sich sogar ganze Teichlandschaften nachstellen (Literatur siehe S. 94). Und auch hier hat man weniger Aufwand mit der Bewässerung als bei den üblichen Balkonkästen.
Bei der Auswahl des geeigneten Behälters sind der Fantasie kaum Grenzen gesetzt. Allerdings ist unbedingt die Tragfähigkeit des Balkons zu berücksichtigen, denn Wassergefäße entwickeln ein beachtliches Gewicht. In flachen Gefäßen kann man sich auf die Pflanzen eines Sumpfbeets beschränken. Dazu lassen sich sogar Balkonkästen verwenden, entweder aus Holz, innen mit Teichfolie ausgekleidet, oder aus Kunststoff, ohne Abflusslöcher.
Klein bleibenden und schwachwüchsigen Pflanzen ist der Vorzug zu geben. Im Wasser breiten sie sich eh schneller aus als auf festem Untergrund. Deshalb sollten Sie den Miniteich nicht von Beginn an überfrachten: Schon einige Wochen später wäre die Wasseroberfläche überwuchert. Wenn sich das Gefäß nicht als Ganzes in geschützte Räume bringen lässt, sind außerdem winterharte Arten zu bevorzugen.
Die meisten Wasserpflanzen brauchen viel Licht. Deshalb wären sonnige, windgeschützte Plätze am besten geeignet. Eine kleine Wassermenge allerdings erwärmt sich in praller Sonne sehr schnell. Und in einer warmen Brühe vermehren sich die Algen explosionsartig.

Bereits ein bepflanztes Gefäß kann den Charme und die Frische eines Wassergartens verbreiten.

An schattigen Standorten bleiben die Pflanzen von der Hitze unbehelligt. Allerdings bleibt auch die Blütenpracht begrenzt. Unter solchen Bedingungen sollte man vor allem auf die vielfältigen Blattformen setzen, wie sie Tannenwedel, Froschlöffel oder die verschieden gefärbten Gräser repräsentieren. Blutweiderich und Sumpfdotterblume gehören zu den wenigen Arten, die auch im Schatten fleißig blühen.
Sprudelndes Wasser wirkt belebend. Gleichzeitig gibt es kaum etwas Beruhigenderes als sanftes Plätschern. Das dürfte auch der Grund dafür sein, dass sich Springbrunnen und Quellsteine so großer Beliebtheit erfreuen. In den Bau- und Gartenmärkten gibt es eine große Auswahl an Pumpen und Fontänen sowie dekorativem Zubehör.
Wer allerdings großen Wert auf die Bepflanzung legt, sollte darauf achten, dass das Wasser nicht zu heftig in Bewegung gerät.

Durch freistehende Rankgitter lässt sich ein Sitzplatz geschickt gegen unerwünschte Einblicke schützen.

Sichtschutz mit Kletterpflanzen und Rankhilfen

Um die geeignete Kletterpflanze zu finden, sind mehrere Faktoren zu berücksichtigen: die zu erklimmende Höhe, die Himmelsrichtung des Standorts und die Klettertechnik der jeweiligen Pflanze. In Nordlagen muss man sich überwiegend mit Grünpflanzen begnügen; die üppigen Blüten bleiben für die Sonnenseite reserviert. In besonders windoffenen Lagen reagieren die meisten Pflanzen empfindlich.
Außerdem ist entscheidend, ob sie im Boden wurzeln können oder ob nur Gefäße zur Verfügung stehen. In letzterem Fall sind einjährige Arten zu bevorzugen. Meist brauchen sie geschützte Vorkultur und nehmen ihre Plätze erst nach den Eisheiligen ein.
Von den Gehölzen haben sich die Kübelpflanzen aus tropischen oder subtropischen Regionen am besten dem beengten Wurzelraum angepasst.
Nur die Wurzelkletterer und auch manche Ranker können mit ihren Haftorganen selbstständig an senkrechten Wänden emporwachsen.
Wenn allerdings der Verputz einer Mauer schon nicht mehr der beste ist,

Einjährige Kletterpflanzen

Pflanzart	Wuchs-höhe	Aussaat	Beschreibung
Maurandie (*Asarina barclaiana*)	2–3 m	II geschützt	attraktive blaue Blütenkelche, lockerer Sichtschutz
Glockenrebe (*Cobaea scandens*)	5 m	E.II-A.III geschützt	hübsche blaue Blütenglocken ab Ende Juni, rote Herbstfärbung
Zierkürbis (*Cucurbita pepo*)	5 m	IV geschützt	guter Sichtschutz mit langen Ranken und großen Blättern, bizarr geformte Früchte
Schönranke (*Eccremocarpus scaber*)	3 m	III geschützt	dichter Sichtschutz, orangerote Blüten erscheinen spät und nur bei guter Witterung, lässt sich überwintern
Prunk-, Trichterwinde (*Ipomoea* spec.)	2–4 m je nach Art	III geschützt / IV direkt	raschwüchsig, attraktive große Blütentrichter in verschiedenen Farbsorten
Duftwicke (*Lathyrus odoratus*)	2 m	IV direkt	duftende Blüten in verschiedenen Farben bis August; guter Sichtschutz
Feuerbohne (*Phaseolus coccineus*)	4 m	E. IV direkt	dichte Wände auch in beschatteten Lagen, rote Blüten, essbare Früchte
Sternwinde (*Quamoclit* spec.)	3 m	IV geschützt	hübsche Blütenrispen in Gelb/Orange ab Juli, wächst langsam, aber dicht
Schwarzäugige Susanne (*Thunbergia alata*)	2 m	III geschützt	wächst langsam, dennoch früh gelbe Blüten mit schwarzem Auge
Kapuzinerkresse (*Tropaeolum peregrinum*)	3 m	III geschützt	höher kletternde Schwester der bekannten Sommerblume, Laub kleeartig gelappt, hellgelbe Blüten

können ihm diese Kletterorgane endgültig den Rest geben. Den meisten übrigen Arten muss man eine Kletterhilfe anbieten, in Form von Spalieren, Stäben, Gittern, Schnüren oder kunststoffummantelten Drähten.
Ein Gitter aus Holzlatten lässt sich einfach herstellen. Es gewährt, neben dem Sitzplatz aufgestellt, wirkungsvollen Schutz vor Blicken und ist oft schon ohne Bewuchs attraktiv anzusehen. Von der Wand hält man die Latten durch Abstandshalter etwa 5 bis 10 cm entfernt.

Kletternde Kübelpflanzen

Eine bewährte klimmende Kübelpflanze ist *Solanum jasminoides*. Bei guter Ernährung können die Ranktriebe rasch bis zu 10 m lang wachsen. Im Sommer erscheinen ganze Büschel zartblauer bis weißer Blüten, auch noch im Halbschatten. Vor der kühlen Überwinterung darf der Strauch rigoros zurück geschnitten werden.
Die Schwarzäugige Susanne hat zwei hübsche Schwestern: Die orange blühende *Thunbergia gibsonii* (syn. *Th.*

gregorii) rankt 2 bis 3 m hoch und ist eine Staude aus dem tropischen Afrika, die sich überwintern lässt. *Thunbergia grandiflora* stammt vom indischen Subkontinent, kann mehrere Meter hoch werden und trägt dichte, blaue Blütentrauben, am zahlreichsten bei hellem, nicht zu warmem Stand. Der wertvolle Strauch sollte bei 12 bis 15 °C überwintert werden. Beide Arten blühen reich und ausdauernd, wenn sie kräftig gedüngt werden.
Für ihre spektakulären Blüten ist die Passionsblume (*Passiflora*) berühmt. Allerdings braucht sie viel Sonnenwärme und verträgt Wind schlecht, so dass sie nur in bevorzugten Lagen zufriedenstellend blüht und gedeiht. *Passiflora caerulea* jedoch kann in Weinbaugebieten mit einer zusätzlichen Schutzabdeckung sogar im Freien überwintern. Die meisten Arten lassen sich kühl überwintern. Etwas weniger bekannt sind *Pandorea* und *Podranea*. Nicht nur aufgrund des Namens werden die beiden Bignoniengewächse gerne verwechselt. *Podranea ricasoliana* wächst anspruchsloser und treibt zuverlässig von Juli bis zum Frost rosafarbene Blütenkelche in langen Rispen. Die Triebe muss man anfangs aufbinden. Nach dem Laubfall lässt sie sich gerade frostfrei überwintern.
Pandorea jasminoides ist bei etwas wärmerer Überwinterung immergrün. Dann erscheinen auch die Blüten früher, die denen von *Podranea* ähneln. Auf kalten und nassen Standort reagiert die Pflanze jedoch empfindlich.

Die Kaiserwinde 'Flying Saucers' wächst rasch und bezaubert mit zweifarbigen Blütentrichtern.

Winterharte Klettergehölze

Pflanzart	Höhe (m)	Kletter-hilfe	Himmels-richtung	Bemerkung
Kiwi (*Actinidia arguta*)	2–8	x	S, O, W	essbare Früchte im Herbst, meist männliche und weibliche Pflanzen getrennt
Trompetenblume (*Campsis radicans*)	6–10	x	S	rote Blüten im Frühsommer
Klematis (*Clematis*-Hybriden)	2–3	x	O, W	große Blütenteller in vielen Sorten
Waldrebe (Clematis spec.)	2–10	x	O, W	zarte Blütenglocken,bizarre Früchte
Efeu (*Hedera helix*)	3–25	–	N, O, W	immergrün, wächst langsam, buntlaubige Sorten
Kletterhortensie (*Hydrangea petiolaris*)	6–10	(x)	O, W, N	weiße Blütenteller im Sommer, auch in Gefäßen, viel gießen
Schlingknöterich (*Fallopia aubertii*)	8–15	x	S, O, W	wuchernd, gelegentlich radikal zurückschneiden
Geißblatt (*Lonicera caprifolium, L.* x *heck-rottii, L. tellmanniana*)	2–6	x	O, W	meist im Frühsommer teils duftende Blüten
Winterjasmin (*Jasminum nudiflorum)*	2–4	x	S, O, W	duftende gelbe Blüten im Winter, auch in Gefäßen
Dreibl. Wein (*Parthenocissus tricuspidata*)	8–15	z. T.	O, W	teils selbstklimmend, schöne Herbstfärbung
Fünfbl. Wein (*Parthenocissus quinquefolia)*	8–12	z. T.	O, W	teils selbstklimmend, chöne Herbstfärbung
Kletterrose (*Rosa*)	2–5	x	S	viele Farbsorten, frostempfindlich, anbinden!
Weinrebe (*Vitis vinifera*)	5–15	x	S	für warme Lagen, essbare Fruchttrauben
Blauregen, Glyzine (*Wisteria sinensis*)	6–12	x	S	im Mai unzählige blaue Blütentrauben

Alles Gute kommt von oben: Hanging Baskets

Was früher als Ampeln bezeichnet wurde, heißt heute trendig Hanging Basket, in Anlehnung an die Vorbilder von den britischen Inseln. Dort füttert man gerne Gitterkörbe außen mit Moos aus, wodurch das Wurzelgefäß bereits sehr natürlich wirkt. Dies wird noch dadurch verstärkt, dass man die Pflanzen nicht nur auf der Oberfläche, sondern auch seitlich durch das Gitter einsetzen kann.

Selbstverständlich werden auch heute noch die herkömmlichen Hängetöpfe verwendet. Zusammen mit den Hanging Baskets komplettieren sie die Möglichkeiten räumlicher Gestaltung, sozusagen von oben herab. Aufgrund ihrer überhängenden Wuchsform eignen sich viele Balkonarten für die Bepflanzung. Je nach Größe des Gefäßes bringt man eine einzelne Art zur Wirkung oder kombiniert mehrere in sich ergänzende Wuchsformen und Farbtöne. Einzelheiten zur Pflege können Sie dem

So entsteht ein rundum blühender Hanging Basket:

Ampelgitter zunächst mit Moos auspolstern, dann in die Mitte Substrat füllen.

Schließlich von oben oder seitlich Pflanzen einsetzen.

Ampelpflanze

so = Sonne hs = Halbschatten sch = Schatten

Pflanze	Standort	Seite
Fuchsschwanz (*Acalypha hispaniolae*)	so – hs	35
Goldtaler (*Asteriscus maritimus*)	so	38
Knollenbegonie (*Begonia tuberhybridav*)	hs	38
Goldzahn (*Bidens ferulifolia*)	so	39
Blaues Gänseblümchen (*Brachyscome* spec.)	so – hs	40
Zauberglöckchen (*Calibrachoa*-Hybriden)	so	40
Blaue Mauritius (*Convolvulus sabatius*)	so	41
Zigarettenblümchen (*Cuphea* spec.)	so – sch	41
Gebirgs-Hängenelke (*Dianthus caryophyllus*)	so	43
Elfensporn (*Diascia* spec.)	so – hs	43
Hänge-Fuchsie (*Fuchsia*-Hybriden)	hs – sch	44
Silberstrohblume (*Helichrysum petiolare*)	so – hs	45
Fleißiges Lieschen (*Impatiens walleriana*)	hs – sch	46
Wandelröschen (*Lantana-Camara*-Hybr.)	so	47
Männertreu (*Lobelia erinus*)	so – sch	48
Hornklee (*Lotus* spec.)	so – hs	48
Elfenspiegel (*Nemesia*-Hybriden)	so – hs	49
Nierembergie (*Nierembergia hippomanica*)	so	49
Glockenwinde (*Nolana paradoxa*)	so	–
Hänge-Geranie (*Pelargonium-Peltatum*-Hybr.)	so – hs	50
Petunien (*Petunia*-Hybriden)	so	52
Weihrauch (*Plectranthus fruticosusv*)	so – sch	60
Portulakröschen (*Portulaca grandiflora*)	so	–
Husarenknöpfchen (*Sanvitalia procumbens*)	so – hs	54
Fächerblume (*Scaevola aemula*)	so	54
Pepino (*Solanum muricatum*)	so – hs	62
Schneeflocke (*Sutera cordata*)	hs	55
Kapuzinerkresse (*Tropaeolum majus*)	so – hs	56
Blaumäulchen (*Torenia fournieri*)	hs	56
Eisenkraut (*Verbena*-Hybriden)	so – hs	57

Kapitel mit den Pflanzenporträts entnehmen. Zusätzlich sei hier kurz der Fuchsschwanz (*Acalypha hispaniolae*) vorgestellt. Er ist in den Balkonkästen eher selten, gehört aber mit seinen überhängenden roten Blütenständen, die wie dicke Bürsten aussehen, zu den auffälligsten Ampelpflanzen. Ein etwas geschützter Standort wäre für gutes Gedeihen sinnvoll.

Das bunte Balkonsortiment

Leberbalsam
(*Ageratum houstonianum*)

Wuchs: aufrecht
Blüte: blau, auch weiß und rosa
Die Sorten unterscheiden sich nicht nur in der Blütenfarbe, sondern auch in der Wuchshöhe; für den Balkonkasten eignen sich überwiegend niedrigere. Bei ausreichender Belichtung können die bewährten Sommerblumen bereits ab Februar im Haus vorgezogen werden. Auch die Vermehrung durch Stecklinge ist möglich. Eine frühe Blüte wird am besten durch zugekaufte Pflanzen gewährleistet. Das Substrat durchgängig etwas feucht halten und verblühte Köpfchen zurückschneiden!

Alonsoa (*Alonsoa meridionalis*)

Wuchs: zarte Sträucher, aufrecht bis überhängend
Blüte: kleine, feuerrote Kelche
Obwohl nicht unbedingt für pralle Sonne geeignet, hat die zarte Staude einen hohen Wasser- und Düngerbedarf. Wenn man den Ballen nicht austrocknen lässt, treibt sie ständig neue Blütenkelche. Bei Samenvermehrung (ab März) spalten die Blüten in zahlreiche Rottöne bis hin zu Weiß. Einheitlich leuchtend hellrot sind sie nur bei stecklingsvermehrten Pflanzen vom Gärtner.

Engelsgesicht
(*Angelonia angustifolia*)

Wuchs: aufrecht
Blüte: blaue, lila, rosa oder weiße Kelche in hohen Rispen
Eine wertvolle Neuentdeckung für vollsonnige Standorte, die robust gedeiht und nur gegen zu viel Nässe empfindlich ist. Deshalb lässt man den Ballen jeweils abtrocknen. Die Blütenrispen erinnern an Rittersporn: Sie stehen hoch über dem Laubpolster und anderen Pflanzen und bewirken mit ihrer leicht kippenden Haltung einen naturhaften Charme. Man besorgt sich stecklingsvermehrte Pflanzen vom Gärtner.

Angelonia **ist eine Neuentdeckung, die mit hohen, aufrechten Blütenrispen die Pflanzung überstrahlt.**

Neben bekannten weißen und gelben Strauchmargeriten sind in letzter Zeit rosa Sorten auf dem Vormarsch.

Strauchmargerite (*Argyranthemum syn. Chrysanthemum frutescens*)

Leitpflanze
Wuchs: aufrechte Büsche
Blüten: weiß, rosa, gelb
Strauchmargeriten gehören zum bekanntesten Pflanzeninventar unserer Balkone und Terrassen. Aufgrund ihrer Größe lohnt sich oft eine Einzelpflanzung in großen Töpfen oder Kübeln. Als Hochstämmchen gar können sie den Raum gliedern und erreichen im wahrsten Sinne den Höhepunkt ihrer Ausstrahlung. Für den Balkonkasten kann man zwischen unterschiedlich hohen Sorten mit blaugrünem oder silbrigem Laub unterscheiden.
Die Sträucher werden am besten im Herbst oder im zeitigen Frühjahr durch Stecklinge vermehrt. Kräftige Jungpflanzen darf man schließlich nach den Eisheiligen in das Balkongefäß setzen.
Verwelkte Blüten sind immer wieder auszuschneiden. Die größte Blütenpracht entwickeln die Sträucher nur, wenn sie reichlich gewässert und wöchentlich gedüngt werden. In einem kühlen, aber frostfreien und hellen Raum (5–10 °C) lassen sich die Pflanzen überwintern.

Goldtaler (*Asteriscus maritimus*)

Wuchs: flach aufliegend, leicht überhängend
Blüte: goldgelbe Margeriten
Die Kulturform dieses Strandgewächses blüht in sonnigen Lagen sehr reich und ausdauernd vom Frühjahr bis zu den ersten harten Frösten.
Die Pflanzen lassen sich durch Stecklinge vermehren und bei etwa 10 °C überwintern. Nach den Eisheiligen werden die Pflanzen mit etwa 20 cm Abstand in den Kasten gesetzt. Für gleichmäßige Bewässerung bei gutem Wasserabzug und regelmäßige, kräftige Düngung zeigen sie sich dankbar.

Knollenbegonien
(*Begonia tuberhybrida*)

Wuchs: niedrige Büsche, auch hängend
Blüte: rot, gelb, weiß, auch gefüllt
Während uns aus der Wohnung die gefüllten Elatior-Begonien sowie viele Straucharten bekannt sind, kommen auf Beet und Balkon hauptsächlich Knollen- und Semperflorens-Begonien zum Zug.

Gemeinsam ist den tropischen Schiefblattgewächsen, dass sie ihre einfachen oder gefüllten, meist in warmen Farbtönen leuchtenden Blüten am liebsten nicht in voller Sonne entfalten. Die Aussaat bei 22 bis 24 °C sollte man besser dem Gärtner überlassen. Weil sie sehr empfindlich sind gegen Kälte, lohnt es sich, mit dem Auspflanzen bis Anfang Juni abzuwarten.

Von den Knollenbegonien gibt es Hängeformen, die sich auch für Ampeln eignen. Ihre Knolle lässt sich bei 10–15 °C leicht überwintern. Dazu wird bereits ab September weniger gegossen, um sie im November aus dem Gefäß zu holen, um sie zu trocknen und in Torf oder Zeitungen einzuschlagen. Ab März können die Knollen an einem Fenster bei 20 °C wieder angetrieben werden. Zu Beginn legt man sie nicht länger als eine Stunde in Wasser. Die Einbuchtung der Knolle muss oben sein. Semperflorens-Begonien erkennt man an ihrem glänzenden Laub, das ihnen auch den Namen »Eisbegonien« eingebracht hat. Die Pflänzchen werden etwa 15 bis 25 cm hoch und blühen sehr robust in der Sonne wie im Schatten.

Abb. links: Knollenbegonien (rot) brauchen keine pralle Sonne, Eisbegonien (weiß) sind äußerst robust.

Goldmarie, Goldzahn

(*Bidens aurea, B. ferulifolia*)

Leitpflanze

Wuchs: buschig überhängend

Blüte: gelbe Sterne

Mit seinen Blütensternen erinnert der Goldzahn an das Mädchenauge. Aufgrund von Wuchsform und Wüchsigkeit eignet er sich für Ampeln. In gemischten Kästen kann die Wuchskraft mancher Sorten für weniger robuste Nachbarn ein Problem sein. Häufig wird deshalb eine Kombination mit ebenso starkwüchsigen Petunien empfohlen. Mittlerweile gibt es aber auch sehr kompakte Sorten.

Der Goldzahn kann im März geschützt ausgesät werden und kommt dann frühestens im Juni zur Blüte. Aber auch hier haben sich stecklingsvermehrte Sorten durchgesetzt, die sich überwintern lassen.

Bis zum Auspflanzen sollten die Triebe mehrfach entspitzt werden, um ein verzweigtes Wachstum zu fördern. Trotzdem werden diese Pflanzen in der Regel nicht so kompakt wie die in

Das Blaue Gänseblümchen (unten) mit weißem Duftsteinrich und gelben Strohblumen.

der Gärtnerei gezogenen. Für den Laien ist die Stecklingsvermehrung problemloser.
Die Pflanzen haben einen hohen Wasser- und Nährstoffbedarf und sollten reichlich und regelmäßig versorgt werden. An sonnigen Standorten blühen sie dann unermüdlich bis zum Herbst. Durch einen Rückschnitt im Juli lässt sich verhindern, dass die Blüte im Zentrum verkahlt.

Blaues Gänseblümchen

(*Brachyscome* spec.)

Wuchs: überhängende Büsche
Blüte: blau (violett, rosa) mit gelbem oder schwarzem Auge
Die australische Schwester unseres Gänseblümchens lässt sich aus sonnigen Balkonkästen kaum mehr wegdenken. Den ganzen Sommer über erheben sich die Strahlenblüten über dem zart gefiederten Laub.
Ab März kann *Brachyscome iberidifolia* geschützt ausgesät werden. *Brachyscome multifida* wird in der Regel als stecklingsvermehrte Pflanze zugekauft. Um die Erde gleichmäßig feucht zu halten, ist kalkfreies Regenwasser zu bevorzugen. Im Übrigen sollte regelmäßig gedüngt werden.

Pantoffelblume

(*Calceolaria integrifolia*)

Wuchs: aufrecht
Blüte: gelb, auch orange
Die altmodischen Blümchen mit den ballonartigen Blüten wissen auch an beschatteten Standorten zu gefallen. Es sind eigentlich Halbsträucher, je nach Sorte unterschiedlich hoch, die meist nur einjährig gezogen werden. Deshalb lassen sie sich aber gut aus Kopfstecklingen vermehren, die im Spätsommer bewurzelt und frostsicher überwintert werden. Aussäen muss man Calceolarien sehr früh, weshalb sich dies nur unter optimalen Bedingungen empfiehlt. Sie benötigen lediglich gelegentliche Düngung, aber eine gleichmäßige Bewässerung.

Zauberglöckchen

(*Calibrachoa*-Hybriden)

Wuchs: breite Horste, kriechend-überhängend
Blüte: zahllose Kelche in Rot, Rosa, Blau, Gelb oder Weiß

Häufig als Million Bells oder aufgrund ihrer Ähnlichkeit als Mini-Petunien bezeichnet, handelt es sich um Kreuzungen einer eigenen Gattung. Manche Sorten wachsen mehr aufrecht, andere bilden dichte, kriechende Büsche, aber nie so lange Schleppen wie Petunien. Einige reagieren empfindlich auf schwankende Wasserversorgung. Aber alle zeigen bei sonnigem Standort und guter Düngung eine Unzahl von Blütenkelchen, meist mit gelbem Schlund.
Bei vergilbendem Laub kann ein Eisendünger abhelfen. Frostsichere Überwinterung möglich.

***Callibrachoa* werden am Markt als Million Bells, Carillons oder Mini-Petunien gehandelt.**

Gelbe Zwerg-Wucherblumen

(*Coleostephus multicaulis* syn. *Chrysanthemum*)

Wuchs: aufrechte Horste
Blüte: gelb
Aussaat ab Ende März, zugekaufte Pflanzen gehen allerdings früher in Blüte. Verwelkte Blüten entfernen, gelegentlich düngen. Ein kompletter Rückschnitt Anfang August kann im Herbst einen erneuten Blütenflor hervorrufen.

Blaue Mauritius

(*Convolvulus sabatius*)

Wuchs: kletternd oder kriechend-hängend
Blüte: blaue Trichter
Diese Windenart öffnet ihre relativ kleinen, jedoch kräftig hellblau leuchtenden Trichterblüten nur bei Sonnenschein. Bei regelmäßiger Düngung erfreuen sie uns bis Oktober. Durch gelegentliches Ausputzen bleibt die Pflanze gesund und ansehnlich.
Zur Vermehrung ist die Stecklingsanzucht erfolgversprechender als die Aussaat. Die Pflanze kann überwintert werden und treibt nach einem Frühjahrsrückschnitt schnell wieder kräftig aus.

Zigaretten-, Köcherblume

(*Cuphea* spec.)

Wuchs: überhängende Büsche
Blüte: rote Köcher mit schwarzer Zeichnung
Ab Mai erscheinen aus den Blattachseln unzählige leuchtend rote Blütenröhrchen, die mit ihrer schwarzen Zeichnung auch für den dritten

Namen verantwortlich sind: »Fledermausgesicht«. Bei *Cuphea llavea* sind alle Pflanzenteile ein ganzes Stück größer als bei *Cuphea ignea*.
Die kleinen Sträucher müssen regelmäßig gegossen werden, vertragen Halbschatten und eignen sich sogar für Ampeln und Hochstämmchen. Sie werden bei uns in der Regel einjährig gezogen und entweder durch geschützte Aussaat ab April oder durch im August geschnittene Stecklinge im Spätwinter vermehrt. Bei 5–8 °C lassen sie sich aber auch überwintern.
Ein ganz anderes Erscheinungsbild hat *Cuphea hyssopifolia*: Die aufrechten Büsche der »Japanischen Myrte« sind übersät mit lila-rosafarbenen oder weißen Blütchen zwischen dem zarten Laub.

Mignon-Dahlien (*Dahlia-Hybriden*)

Wuchs: aufrecht
Blüte: viele Farbsorten
Dahlien ziehen sich bekanntlich bei Frost in ihre Knollen zurück, die frostsicher überwintert werden müssen. Die Zwerg-Dahlien, meist nur 20–30 cm hoch, kann man jedoch auch ab März geschützt aussäen und ab Juni auspflanzen. Selbst in halbschattigen Lagen geben sie eine gute Figur ab.
Während des Jahres wollen die Pflanzen gut gedüngt und gegossen werden. Verwelkte Blüten sind möglichst bald auszuschneiden. Die ersten Herbstfröste geben das Signal, die Knollen in Sicherheit zu bringen. Man lässt sie nach dem Säubern abtrocknen und lagert sie im Keller in

Abb. links: Dahlien lassen sich auch in Gefäße pflanzen; in der Regel verwendet man die zwergigen Mignon-Dahlien.

Abb. rechts: Die Chinesernelke wird im Gegensatz zur Gebirgshängenelke aus Samen gezogen.

feuchtem Sand. In dieser Zeit nicht völlig vertrocknen lassen!

Nelken (*Dianthus caryophyllus*)

Wuchs: hängend (aufrecht)
Blüte: rot, auch rosa und weiß
Die aus Samen gezogenen Chinesernelken verzweigen sich aufrecht. Für den Balkon jedoch wird bevorzugt die stecklingsvermehrte Tiroler Gebirgshängenelke mit ihren langen Schleppen verwendet. Sie ist empfindlich gegen Regen und gedeiht am besten unter Dachüberständen nach alpenländischem Vorbild. Regelmäßiges Gießen und Düngen ist der Entwicklung förderlich.

Elfensporn
(*Diascia barberae, D. rigens*)

Wuchs: dünne Triebe überhängend, am Ende aufrecht
Blüte: verschiedene Rottöne
Von den stecklingsvermehrten Diascien gibt es mehrere reich blühende Farbsorten; die etwa 2 cm großen Rachenblüten erscheinen in endständigen Rispen.
Aufgrund ihres zierlichen Wuchses sollte man sie vor der Bedrängung durch benachbarte »Wucherer« bewahren. Das Substrat sollte möglichst ausgeglichen feucht sein. Um die Blühkraft neu anzuregen, kann man die Pflanzen auf 5 cm Höhe radikal zurückschneiden. Frostsichere Überwinterung möglich.

Gelbe Strauchmargerite
(*Euryops* spec.)

Leitpflanze
Wuchs: aufrechte Büsche
Blüten: gelb
Die Gelbe Strauchmargerite sieht ihrer weißen Schwester nicht nur ähnlich, sondern hat auch dieselben Ansprüche und wird genauso behandelt. Die Art *Euryops* unterscheidet sich von den gelbblütigen *Argyranthemum*-Sorten in erster Linie durch das Laub, das etwas größer und vor allem frischgrün ist (*Argyranthemum*: blaugrün).

Kap-Aster (*Felicia amelloides*)

Wuchs: Büsche aus aufrechten, zarten Trieben
Blüte: blau mit gelbem Auge
Großes Gänseblümchen mit blauen Blütenblättern, so könnte man die Südafrikanerin umschreiben. Ihre dünnen Blütenstiele erheben sich über das Laub, was einen Rückschnitt verblühter Stängel geradezu herausfordert.
Die Felizie sollte bereits ab Februar/März vorgezogen werden. Leichter geht es, wenn man Stecklinge von überwinterten Pflanzen in lockerem Substrat bewurzelt. Nach den Eisheiligen kann die Kap-Aster in einen leicht beschatteten Kasten gepflanzt werden. Ansonsten relativ anspruchslos, mag sie keine langen Regenperioden.

Die zarten Blütenlaternen in vielerlei Farbkombinationen können Sammlerleidenschaft entfachen.

Fuchsien (*Fuchsia*-Hybriden)

Wuchs: aufrecht oder hängend
Blüte: weiße, rote oder blaue Kelch- und Kronblätter, lange Staubfäden
Bis weit in den Herbst beherrschen diese Schönheiten aus Südamerika Balkone in kühlen und schattigen Lagen mit ihren zarten Laternenblüten. Die zahlreichen Spielformen mit dreiteiligen Blüten in unterschiedlichen Farbkombinationen können die Sammlerleidenschaft entfachen. Unter den aufrechten und hängenden Sorten gibt es echte Klassiker ('Beacon', 'Miniroos' bzw. 'La Campanella', 'Swingtime'), aber ebenso ständige Neuzüchtungen, die eine Entdeckung wert sind. Die so genannten Kalifornischen Traumfuchsien ziehen mit besonders großen Blüten die Aufmerksamkeit auf sich. Sie sind allerdings etwas empfindlicher und pflegebedürftiger.
Am besten gedeihen Fuchsien im Halbschatten. Trocknen sie aus, so stellen sie die Blütenbildung ein. Für sonnige Standorte eignen sich am besten die *Triphylla*-Hybriden ('Koralle', 'Thalia') mit ihren länglichen Blüten in Trauben sowie einige neuere Züchtungen wie die Sunangels®. An der Wetterseite empfiehlt sich eine Regenabdeckung. Von Juni bis August wollen Fuchsien wöchentlich gedüngt werden.
Die Halbsträucher wachsen etwas robuster als Pelargonien und können die ersten kühlen Nächte gut überstehen. Vor stärkeren Frösten jedoch räumt man sie ein, wobei sperrige Triebe zurückgeschnitten werden dürfen. Bei 5–10 °C im Überwinterungsraum sollte der Erdballen nie völlig austrocknen. Vermehrt werden Fuchsien durch Stecklinge, die man entweder im Spätherbst oder gegen Ende der Überwinterung gewinnt.

Gaura (*Gaura lindheimeri*)

Wuchs: aufrecht (bis überhängend)
Blüte: weiß, rosa in lockeren Rispen
Zarte schmetterlingsartige Blüten mit langen Staubfäden schweben an aufrechten Stängeln über dem Laub. Die etwa 60 cm hohe nordamerikanische

Präriestaude blüht bereits bei geringer Wasser- und Nährstoffversorgung den ganzen Sommer durch. Sie ist zwar winterhart, muss zur Überwinterung aber unbedingt vor Nässe geschützt werden. Vermehrung durch Stecklinge beim Gärtner.

Mittagsgold (*Gazania*-Hybriden)

Wuchs: niedrige Horste
Blüten: Gelb-, Rot- und Brauntöne
Im März vorkultivierte Pflänzchen können Mitte Mai in den Kasten gesetzt werden, kommen aber erst später zur Blüte. Stecklingsvermehrte Pflanzen dagegen gehen sofort in Blüte, die bis in den Herbst andauert. Vorausgesetzt, die Sonne scheint: Nur dann öffnen sich die Blütensterne – daher der Name Mittagsgold. Eine gleichmäßige Wasser- und Nährstoffversorgung stärkt die Pflanzen. Gazanien sind in ihrer Heimat mehrjährig. Deshalb kann man auch im Spätsommer Stecklinge bewurzeln oder ganze Pflanzen geschützt überwintern.

Zwergstrohblume
(*Helichrysum*-Hybriden)

Wuchs: aufrecht
Blüte: gelb, orange, rot, weiß
Die Strohblume ist eine alte Bekannte aus dem Garten. Dort werden die zum Trocknen geeigneten Blüten allerdings wesentlich höher als bei diesen Hybrid-Züchtungen. Die stecklingsvermehrten Sorten sind wüch-

Abb. links:
Gaura ist eine natürlich wirkende Präriestaude aus Nordamerika und kommt mit wenig Wasser aus.

Abb. rechts:
Strohblumen gibt es nicht nur in gelb, sondern auch in rötlichen und weißen Tönen.

sig, bleiben dennoch kompakt und treiben zahlreiche große Blüten. Ein guter Wasserabzug ist unerlässlich. An sonnig warmen Standorten blühen sie dann unermüdlich, insbesondere, wenn sie gegen Regen geschützt sind. Eine geschützte Überwinterung ist möglich.
Helichrysum ramosissimum 'Baby Gold' ist wesentlich graziler und trägt ausdauernd, von April bis in den Spätsommer, an buschig-hängenden Trieben gelbe, duftende Knöpfchenblüten.

Vanilleblume

(*Heliotropium arborescens*)

Leitpflanze
Wuchs: aufrecht
Blüte: violett
Nirgends kommt der betörende Vanilleduft, den die breiten Blütendolden an sonnigen Tagen verströmen, besser zur Geltung als bei einer Pflanzung neben dem Sitzplatz. Der Halbstrauch aus Peru würde unsere winterlichen Fröste nicht überstehen. Deshalb muss man ihn wie eine Kübelpflanze geschützt überwintern. Oder man besorgt sich jährlich neue Pflanzen. Die eigene Vermehrung ist weniger Erfolg versprechend.
Weil »der Heliotrop« sehr empfindlich mit Wachstumsstockungen reagiert, lohnt es sich häufig, mit der Pflanzung die letzten kalten Nächte Anfang Juni abzuwarten. Während der Vegetationsperiode ist er für eine regelmäßige Flüssigdüngung dankbar. Verwelkte Blütenstände sollten laufend entfernt werden.

Weiße Zwerg-Wucherblumen

(*Hymenostemma* syn. *Chrysanthemum paludosum*)

Wuchs: horstig, aufrecht
Blüte: weiß mit gelb
Aussaat ab Ende März, zugekaufte Pflanzen gehen allerdings früher in Blüte. Etwas robuster und ausdauernder blühend als die gelbe Schwester (*Coleostephus*). Verwelkte Blüten entfernen, gelegentlich düngen. Ein kompletter Rückschnitt Anfang August kann im Herbst einen erneuten Blütenflor hervorrufen.
Die Staudenmargerite *Leucanthemum maximum* ist mit bis zu 1 m Höhe eigentlich nicht für Balkonkästen geeignet. Die kompakte Sorte 'Snow Lady' jedoch wird nicht höher als 20 cm, die Blüten aber haben ihre Größe beibehalten und fallen deshalb besonders ins Auge.

Fleißiges Lieschen

(*Impatiens walleriana*)

Wuchs: flach aufliegend
Blüte: rot, rosa, violett, weiß
Den Namen hat sich die Pflanze durch die unermüdliche Blühfreudigkeit verdient, die sie als eine der wenigen Sommerblumen auch im Schatten zeigt. Je sonniger der Standort, desto gewissenhafter ist auf ausrei-

chende Bodenfeuchtigkeit zu achten. Aufgrund der sparrigen Triebe und der Blüten, die bei feuchter Witterung rasch verkleben, sind auch diese Fleißigen Lieschen jedoch nicht mehr sehr in Mode.
Am Fensterbrett empfiehlt sich die Aussaat des Lichtkeimers erst ab März. Da sich die (auch gefüllten) Blüten dann aber erst im Sommer zeigen, ist der Zukauf beim Gärtner zu empfehlen.

Neu-Guinea-Impatiens

(*Impatiens*-Hybriden)

Leitpflanze
Wuchs: aufrechte, aber niedrige Büsche
Blüte: rot, orange, lila, rosa, weiß
Im Gegensatz zum Fleißigen Lieschen, der bescheidenen Schwester, benötigt diese Hochleistungszüchtung viel Sonne sowie Dünger.
Dafür kann sie mit Blütentellern in leuchtenden Farben aufwarten, die in den Balkonkästen ihresgleichen suchen.
Die Vermehrung kann durch Stecklinge überwinterter Exemplare erfolgen. Meist wird man jedoch beim Gärtner einkaufen. Die empfindlichen Pflanzen dürfen erst nach Ende der Frostgefahr ins Freie. Dort sollten sie gleichmäßig mit Nährstoffen versorgt werden. Lockere Erde mit gleichmäßiger Feuchtigkeit in Sonne oder auch Halbschatten sind die beste Voraussetzung für dauerhafte Blütenfreude.

Neuguinea-Impatiens sind attraktiver und anspruchsvoller als das bescheidene Fleißige Lieschen.

Lässt man sie öfter austrocknen, so verlieren sie deutlich an Haltung.

Wandelröschen

(*Lantana-Camara*-Hybriden)

Wuchs: aufrechte Büsche
Blüte: gelb-rot/weiß
Das Wandelröschen wird bei uns häufig einjährig gezogen. Vor allem jedoch, wenn das strauchige Eisenkrautgewächs auf einen Hochstamm veredelt ist, wird es wie eine Kübelpflanze behandelt und überwintert.
Der Name weist auf die Eigenschaft hin, dass jede einzelne Blüte in ihrer Entwicklung die Farbe wechselt.
Da sich die Blüten an jeder Dolde in unterschiedlichen Entwicklungsstadien befinden, entsteht der Eindruck einer großen, mehrfarbigen Blüte.
Die Farbzusammensetzung variiert je nach Sorte.

Am einfachsten lassen sich Lantanen im Frühjahr durch blütenlose Kopfstecklinge vermehren. Die Aussaat überlässt man besser dem Gärtner. Kräftige Pflänzchen können nach den Eisheiligen in den Balkonkasten gesetzt werden. Regelmäßige Düngung und Bewässerung fördern die Entwicklung. Verwelkte Blütenstände sollte man entfernen, nicht zuletzt weil die Früchte im Ruf stehen, giftig zu sein.

Männertreu (*Lobelia erinus*)

Wuchs: überhängende Polster (aufrecht)
Blüte: blau, auch weiß, rosa
Der Name leitet sich daher ab, dass jede einzelne Blüte nur wenige Tage lang hält. Deren Menge und Nachschub bis in den Herbst hinein machen diesen Mangel aber wett und das Männertreu zu einer der beliebtesten Balkonblumen. Sogar schattige Lagen werden gut vertragen.
Ab März kann am Fensterbrett vorkultiviert werden; die Pflanzen vom Gärtner gehen allerdings früher in Blüte. Eine übertriebene Stickstoffdüngung lässt sie mehr Kraut als Blüten entwickeln. Durch einen kräftigen Rückschnitt kann die Blütenbildung neu angeregt werden.
Die aufrecht wachsende *Lobelia vallida* wird durch Stecklinge vermehrt. Aufgrund ihrer Wüchsigkeit und Reichblütigkeit hat sie sich erhöhte Aufmerksamkeit verdient.

Das Männertreu bildet dicht blühende, überhängende Polster in verschiedenen Farbsorten.

Hornklee
(*Lotus berthelottii, L. maculatus*)

Wuchs: lange Triebe hängend
Blüte: rot, orange, gelb
Der südländische Verwandte unseres heimischen Hornklees entwickelt an den Triebspitzen auffällige, »gehörnte« Blüten. Leider halten diese nur relativ kurz im Frühsommer. Mit seinen blau- oder silbergrauen, nadelartigen Laubtrieben wirkt der Hornklee dann als Strukturpflanze. Regelmäßiges Gießen (ohne Staunässe!) und Düngen ist bei diesen hungrigen Pflanzen Pflicht. Wenn man sie rechtzeitig einräumt, können sie bei etwa 10 °C überwintert werden. Stecklingsvermehrte Pflanzen brauchen einen zusätzlichen Kältereiz, um blühen zu können.

Elfenspiegel (*Nemesia* spec.)

Wuchs: aufrecht oder überhängend
Blüte: weiß, rosa, gelb, Blautöne mit Auge
Die zarten Blütenpflanzen gibt es als buntblumige Sämlinge oder stecklingsvermehrt in klaren Farbsorten, aufrecht oder hängend. Am Ende hübsche Blütengesichter, mischen sich die langen Triebe gerne zwischen andere Pflanzen. Ein wenig gegen Regen geschützt blühen sie besonders fleißig. Wenn man sie nach der Hauptblüte zurückschneidet, kommt es zu einem zweiten Flor.

Ziertabak (*Nicotiana* x *sanderae*)

Leitpflanze
Wuchs: hoch aufrecht
Blüte: weiß, rosa, rot
Mit hohen, aufrechten Rispen voller Blütensterne ragt der Ziertabak über die meisten anderen Balkonpflanzen hinaus und setzt der Pflanzung die Krone auf. Die relativ anspruchslosen Dauerblüher wissen auch unter ungünstigeren Bedingungen zu gefallen. Die Vorkultur sollte zeitig im März erfolgen. Reichliche Bewässerung und Düngung sind Voraussetzungen für gutes Blühen und Gedeihen. Da Ziertabak giftig ist (Nikotin!), müssen Kleinkinder ferngehalten werden.

Nierembergie
(*Nierembergia hippomanica*)

Wuchs: überhängende Blütenpolster
Blüte: weiße, rosa, blaue Kelche
Dieses Nachtschattengewächs (giftig!) zeigt an vollsonnigen Standorten von

Abb. links:
Die hübschen zarten Blütengesichtchen des Elfenspiegels erscheinen eifrig und in großer Zahl.

Abb. rechts:
Zwischen die weißen Blütenbecher der Nierembergenie mischen sich hier einige Trichter der Blauen Mauritius.

Kapkörbchen zeigen wunderschöne große Margeritenblüten in kräftigen Farben.

Juni bis zum Frost zahllose becherförmige Blüten über zart gefiedertem Laub. Die Pflanze kann ab Februar vorkultiviert oder beim Gärtner besorgt werden. Von den Triebspitzen lassen sich im August auch Stecklinge nehmen.

Die Nierembergie ist recht unempfindlich gegen Trockenheit oder raue Witterung, möchte aber gut gedüngt werden. Durch Auszwicken von Verblühtem lässt sich das Nachblühen fördern.

Kapkörbchen
(*Osteospermum* und *Dimorphotheca* spec.)

Wuchs: aufrechte Horste
Blüte: rote, rosa, weiße, gelbe Margeriten
Für Laien sind die beiden südafrikanischen Blumengattungen mit den großen Blütensternen kaum zu unterscheiden. Die stecklingsvermehrte *Osteospermum ecklonis* ist am besten für Balkonkästen geeignet. *Dimorphotheca* wird ab April geschützt vorgezogen. Aufgrund ihres hohen Wärmebedarfs sollte man die Pflanzen erst ab Juni in den Balkonkasten setzen. In regenreichen Sommern hat man weniger Freude an den Blüten, die sich nur in der Sonne öffnen. Abgeblühtes ist regelmäßig zu entfernen. Ein besonderer Blickfang sind Sorten mit löffelförmigen Blütenblättern.

Geranie (*Pelargonium*)

Leitpflanze
Wuchs: aufrecht oder hängend
Blüte: rot, lila, rosa, weiß,
Pflanzen, die wir gemeinhin als Geranien bezeichnen, heißen genau genommen Pelargonien. Sie gehören zwar zur großen Familie der Geranien- oder Storchschnabel-Gewächse, aber in der Gattung *Geranium* finden wir keine Balkonblumen, sondern (teils heimische) Stauden für den Gehölzrand. *Pelargonium* hingegen umfasst eine Gruppe von teilweise sukkulenten Arten aus dem südlichen Afrika. Die Vorfahren der Balkongeranien kamen Anfang des 18. Jahrhunderts nach Europa und entwickelten sich in der Hand der Züchter zu den heutigen Stars.
Entscheidende Gründe für die unglaubliche Popularität liegen in den flächig dichten Blüten, meist in Rot-,

Rosa- oder Pinktönen, aber auch in Weiß und neuerdings in bläulichen oder fast schwarzen Tönen. Sie zeigen sich dauerhaft vom Frühjahr bis zum Herbst, sind einigermaßen wetterfest und blühen selbst noch in halbschattigen Lagen.
Man unterscheidet hauptsächlich zwischen Hängegeranien und aufrechten Sorten. Letztere sind Hybriden von *Pelargonium zonale*; ihren Namen haben sie von der typischen braunen Zone rund um den Blattansatz. Die hängenden Sorten hingegen, die *Pelargonium-Peltatum*-Hybriden oder auch Efeupelargonien, sind am besten an ihrem glänzenden, fünflappigen Laub zu erkennen. Die Triebe lässt man über den Kastenrand hängen, wo sie über 2 m lang werden und sich über und über mit Blüten bedecken können.
Kreuzungen aus diesen beiden Arten führten zu den Halbhängern oder Zonal-Peltaten. Ständig kommen neue, verbesserte Sorten auf den Markt, mit größeren Blüten und leuchtenderen Farben, Sorten, die noch wüchsiger sind oder die nicht mehr ausgeputzt werden müssen. Großer Beliebtheit erfreuen sich derzeit die Buntblatt-Pelargonien, die mit ihrer dekorativen roten Blattzeichnung schon vor der Blüte ins Auge fallen.
Darüber hinaus gibt es eine große Anzahl von Arten, die durch Form, Färbung und den Duft der Blätter auf sich aufmerksam machen. Solche »Duftgeranien« besitzen jeweils typische Gerüche, nach Zitrone, Minze, Rose, Muskat oder einfach undefinierbar aromatisch. Diese entfalten sich bei Berührung der Blätter und regen zum Sammeln an, wenn man einmal auf den Geschmack gekommen ist.

Anzucht und Pflege

Grundsätzlich ist zwischen vegetativ vermehrbaren Sorten und F1-Hybriden zu unterscheiden. Aufgrund der langen Entwicklungszeit werden Geranien beim Gärtner schon ab Ende Dezember vorgezogen. Für den Hobbygärtner empfiehlt sich das nur, wenn er über ein beheizbares Gewächshaus verfügt und bei über 20 °C Keimtemperatur zusätzlich beleuchten kann.
Stecklinge werden bevorzugt im Spätsommer geschnitten, eventuell auch noch beim Rückschnitt im Spätwinter. Nach der Bewurzelung in einem

Wer sich an den Blüten satt gesehen hat, kann auf Geranien mit interessanten Blattzeichnungen ausweichen.

lockeren Substrat werden die Jungpflanzen bei 10–12 °C überwintert und ab März bei mehr Licht und Wärme angetrieben. Diese Pflanzen sollte man entspitzen, damit sie buschiger wachsen. Geranien brauchen viel Wasser, vertragen aber als halbe Wüstenpflanzen keine stauende Dauernässe. Kalkhaltiges Leitungswasser dagegen wird gut vertragen. Zur Haupt-Wachstumszeit dürfen die Pflanzen zweimal pro Woche mit einem üblichen Präparat gedüngt werden. Vor allem die Zonalpelargonien sollte man regelmäßig ausputzen, also verwelkte Blütenstände ausbrechen, weil sie Fäulnisherde sind und die Samenbildung unnötige Kraft kostet.

Petunien haben sich durch eine unvergleichliche Blütenfülle unersetzlich gemacht.

Überwinterung

Da Pelargonien kaum Frost vertragen, muss man schon ab September auf Nachtfröste achten. Entweder werden die Pflanzen dann vorübergehend geschützt oder gleich eingeräumt. Die sperrigen Hängepelargonien kann man dabei notfalls bereits zurückschneiden. Die Überwinterungstemperatur liegt etwas höher als bei den meisten anderen Balkonpflanzen, nämlich zwischen 10 und 15 °C.

Die Aufstellung der Pflanzgefäße kann in engen Überwinterungsräumen zum Problem werden. Deshalb holt man die Pelargonien häufig aus den Kästen, verkleinert die Wurzelballen und schlägt sie eng in lockeres Substrat ein.

Noch mehr Platz lässt sich sparen, wenn man die feuchten Wurzelballen in eine Zeitung einwickelt oder in Plastikbeutel steckt; dann lassen sie sich auch schichten oder aufhängen.

Da die Pflanzen mit der Zeit an Wuchskraft verlieren, empfiehlt es sich, immer nur etwa zwei Drittel der alten zu überwintern und das restliche Drittel jedes Jahr durch Stecklingsvermehrung zu erneuern.

Petunien (*Petunia*-Hybriden)

Leitpflanze

Wuchs: überhängend

Blüte: Trichter in Rottönen, Weiß, Blau, auch Gelb sowie gefüllt und zweifarbig

Petunien gehören zu den hungrigsten Balkonpflanzen, häufiges Gießen und

Düngen danken sie mit einer überquellenden Menge an Blüten. Die für Nachtschattengewächse typischen Trichter gibt es in einer breiten Farbpalette. Da neben zweifarbigen Sorten auch gefüllte und gefranste Blütenformen gezüchtet wurden, dürfte für jeden Südbalkon etwas Passendes dabei sein.
Hobbygärtner können den Lichtkeimer in der zweiten Märzhälfte bei 18–20 °C säen, vor der Auspflanzung Mitte Mai wird mindestens einmal pikiert. Meistens sieht man heute allerdings Sorten aus den vegetativ vermehrten Hybrid-Gruppen, allen voran Surfinias. Aber auch Fortunia, Surprise oder Supertunia haben die aus Samen gezogenen Sorten hinsichtlich Wuchskraft und Blütenfülle deutlich übertrumpft. Zudem gibt es kleinblütigere Zuchtlinien wie die »Conchitas« und andere Mini-Petunien.
Sobald die Pflanzen gut eingewurzelt sind, darf man dem (möglichst kalkfreien) Gießwasser flüssigen Dünger beifügen, im Sommer sogar zweimal pro Woche. Daher vertragen sich Petunien am besten mit anderen sonnenhungrigen Starkzehrern, wie Fächerblume (*Scaevola*), Goldzahn (*Bidens*) und natürlich Pelargonien. Zeigen sich solche Blattvergilbungen, so kann kurzfristig mit einem Eisenpräparat nachgeholfen werden.
Wegen der etwas spröden Triebe ist ein regen- und vor allem windgeschützter Standort zu empfehlen. Verwelkte Blüten sollte man regelmäßig ausputzen. Nach der ersten Hauptblüte kann man einen kräftigen Rückschnitt in Betracht ziehen. Die Stecklingspetunien lassen sich frostsicher überwintern.

Sommerphlox

(*Phlox*-Hybriden)

Wuchs: auf dünnen Stielen aufrecht
Blüte: in verschiedenen Rottönen
Erst seit kurzem auf dem Markt: Eine deutlich erkennbare Verwandte unseres Gartenphloxes, die durch Einkreuzung texanischer Wildarten sehr robust trockene Perioden überstehen und in voller Sonne lange anhaltend blühen. Durch die etwas weichen, anlehnungsbedürftigen Stängel vermittelt die Zuchtstaude einen recht natürlichen Eindruck.

Der texanische Verwandte unseres Gartenphlox kann trockene Perioden gut überstehen.

Mehliger Salbei (*Salvia farinacea*)

Wuchs: straff aufrecht
Blüte: blau, teilweise mit silbergrau
Bei dieser Salbeiart steht nicht das aromatische Laub im Blickpunkt, sondern die unwirklich blauen Lippenblüten, die sich in aufrechten Ähren oft 50 cm hoch und mehr über das Laub strecken. Bei der Sorte ‚Striata' bilden silbergraue Stängel und Kelchblätter einen besonders auffälligen, edel wirkenden Kontrast.
Dieser Ziersalbei sollte ab Ende März geschützt vorgezogen werden.

Am bekanntesten ist der Feuersalbei für sein knalliges Rot. Aber es gibt auch andere Farbsorten.

Feuersalbei (*Salvia splendens*)

Wuchs: aufrechter Busch
Blüte: rot, auch weiß, dunkelpurpur
Relativ große, endständige Rispen in leuchtendem Rot haben der Pflanze den Namen verliehen. Mittlerweile gibt es Sorten auch in anderen attraktiven Tönen.
Der Feuersalbei bleibt niedriger und ist etwas empfindlicher als der Mehlige Salbei. Er muss gleichmäßig gegossen sowie regelmäßig gedüngt werden. Staunässe ist unbedingt zu vermeiden. Anzucht wie Mehliger Salbei.

Husarenknöpfchen (*Sanvitalia procumbens*)

Wuchs: flächig-überhängend
Blüte: gelbe Sterne, teils mit schwarzem Auge
Auf dem Beet ein Polster, hängt das Husarenknöpfchen im Balkonkasten über den Rand. Dabei bildet es im Sommer reichlich seine kleinen gelben Blütensterne.
Ab Ende März kann man die Pflanzen aussäen. Allerdings werden auch hier mittlerweile stecklingsvermehrte Sorten bevorzugt. Das Substrat sollte möglichst nicht völlig austrocknen. Eine gelegentliche Düngung und das Abschneiden von Verblühtem sorgen für einen längeren Flor.

Fächerblume (*Scaevola aemula*)

Wuchs: lang überhängend
Blüte: (violett-)blaue Fächer
Den ganzen Sommer über öffnen sich an den Triebspitzen neue Blüten. Deshalb ist es auch nicht einfach, die-

se Art durch Kopfstecklinge zu vermehren. Besser besorgt man sich eine Pflanze in der Gärtnerei, die dann überwintert werden kann. Dazu ist ein heller Standort bei 10–15 °C erforderlich. Zum Neuaustrieb müssen die überlangen Triebe kräftig zurück geschnitten werden.
Trotz ihrer Wuchsfreudigkeit neigt die Fächerblume nicht dazu, ihre Nachbarn zu bedrängen. Auch in Ampeln gibt sie eine hervorragende Figur ab. Wenn man ausgiebig mit kalkfreiem Wasser gießt, dabei den Wasserabzug sicherstellt und wohldosiert düngt, wird man viel Freude an den Pflanzen haben. Da sich die Blüten selbstständig »ausputzen«, ist sonst wenig Pflege erforderlich.

Schneeflocke

(*Sutera*-Hybride syn. *Bacopa diffusus*)

Wuchs: flächig-überhängend
Blüte: weiß, rosa
Wie Schneeflocken überdecken zahllose kleine Blütensterne die niedrigen Büsche mit dem ebenso zarten Laub, und zwar von April bis zum Beginn der Frostperiode. Allerdings nur dann ununterbrochen, wenn man das Substrat nicht austrocknen lässt; darauf reagiert die Pflanze mit einer mehrwöchigen Blühpause. Weil das in praller Sonne nicht ganz einfach ist, erweisen sich halbschattige Plätze als bevorzugter Standort. Ansonsten benötigt die Schneeflocke nur gelegentliche Düngung. Sie ist relativ frosthart und kann in einem kühlen, geschützten Raum überwintert werden.

Studentenblume

(*Tagetes patula, T. tenuifolia*)

Wuchs: aufrechte Büsche
Blüte: gelb, orange
Um die ausdauernd blühenden Studentenblumen kommt man kaum herum – ob im Ziergarten, als Mischkultur im Gemüsegarten oder auf dem Balkon. Die dankbaren Blümchen mit dem zart gefiederten Laub und dem etwas strengen Geruch gibt es gefüllt oder ungefüllt sowie in verschiedenen Höhen. Auf dem Balkon wird man den niedrigeren Züchtungen den Vorzug geben.

Abb. links: Nicht jeder mag den eigenartigen Geruch der Tagetes. Sie steht im Ruf, im Garten Schnecken zu vertreiben.

Ab April kann man Tagetes vorkultivieren. Da sie leichte Fröste überstehen, können sie auch schon bald ins Freie. Verblühtes sollte regelmäßig entfernt werden. Andernfalls samen sie sich an zusagenden Standorten auch von selbst aus.

Abb. links: Das Blaumäulchen braucht viel Wärme, will aber nicht in der prallen Sonne austrocknen.

Abb. rechts: Blattbunte Sorten der Kapuzinerkresse ziehen die Aufmerksamkeit auf sich

Blaumäulchen (*Torenia fournieri*)

Wuchs: kriechend bis überhängend
Blüte: Rachenblüten in Blau, Violett, manchmal mit Weiß
Wenn man ihm die geeigneten Bedingungen bietet, blüht das Blaumäulchen fleißig durch: Das Substrat sollte nicht austrocknen, weshalb halbschattige Standorte recht günstig sind. Gleichzeitig braucht es viel Wärme und Nährstoffe, darf also reichlich gedüngt werden. Weil empfindlich gegen Kälte, wartet man mit der Pflanzung oft bis Juni. Am besten besorgt man sich stecklingsvermehrte Pflanzen beim Gärtner.

Kapuzinerkresse
(*Tropaeolum majus*)

Wuchs: kletternde oder überhängende Büsche
Blüte: gelb, orange, rot
Die bekannte Sommerblume wird ab der zweiten Aprilhälfte ausgesät, am besten noch geschützt in Töpfchen. Auspflanzen sollte man sie erst nach den Eisheiligen. Einige Sorten ziehen bereits durch ihr dunkel-blaugrünes oder cremeweiß panaschiertes Laub die Blicke auf sich. Bei übermäßiger Stickstoffdüngung entwickeln sich viele Blätter, aber wenig Blüten. Bei-

Sommerblumen

Natürlich können von den vielen bewährten Sommerblumen für das Beet die nicht zu hohen Sorten auch gut in Kästen verwendet werden. Hier nur die wichtigsten nicht vorgestellten Arten – nicht zu vergessen die naturnahen Blumen auf Seite 21.

Fuchsschwanz (*Amaranthus caudatus*)
Löwenmäulchen (*Antirrhinum majus*)
Zierkohl (*Brassica oleracea*)
Hahnenkamm (*Celosia argentea*)
Spinnenpflanze (*Cleome spinosa*)
Bartnelke (*Dianthus barbatus*)
Sonnenblume (*Helianthus annuus*)
Bechermalve (*Lavatera trimestrisv*)
Duftsteinrich (*Lobularia maritima*)
Melampodie (*Melampodium paludosum*)
Gauklerblume (*Mimulus*-Hybriden)
Portulakröschen (*Portulaca grandiflora*)
Sonnenhut (*Rudbeckia hirta*)
Zwerg-Zinnie (*Zinnia haageana, Z. elegans*)

de Pflanzenteile schmecken würzig, was zur Namensgebung beitrug.

Eisenkraut (*Verbena* spec.)

Leitpflanze
Wuchs: aufrecht/hängend
Blüte: Dolden in Weiß, Rosa, Rot und Blau in Übergängen
Von diesen weit verbreiteten Balkonblumen gibt es unzählige Sorten in verschiedenen Farben und Wuchsformen. Da die Anzucht von *Verbena tenera* ab Februar hohe Ansprüche an Licht und Wärme stellt, überlässt man sie besser dem Gärtner. Dort bekommt man überwiegend stecklingsvermehrte Hybridsorten, die auf Regen weniger empfindlich mit Mehltau reagieren. Sie lassen sich geschützt überwintern. Aufgrund ihrer Fülle an Farben sowie aufrechten und hängenden Sorten nehmen die Verbenen heute eine ähnliche Stellung ein wie die Petunien. Ob hängende Temari und Lanai, Tapien mit ihrem nadelartigen Laub oder wüchsige Buschverbenen – an dieser Gattung führt kein Weg vorbei. Gleichmäßige Wasserversorgung und eine kräftige Düngung fördern die Blütenleistung, die bis in den Herbst hinein andauert.

Verbenen gibt es in vielerlei Gestalt und Farbe, zum Beispiel groß und aufrecht wie diese Patio-Temari.

Grün- und Kübelpflanzen

Blattbunte Strukturpflanzen

Bunte Blüten kommen erst so richtig zur Wirkung, wenn die Pflanzung an einigen Stellen zur Ruhe kommt. Daher sind Strukturpflanzen von großer Bedeutung. Mit ihren silbrig-grauen, weiß gerandeten oder bunten Blattzeichnungen haben sie jedoch auch selbst größere Aufmerksamkeit verdient.
Unter den Sommerblumen kann man Grünpflanzen finden, wie die Sommerzypresse (*Kochia scoparia*), unter den Herbstblühern die Strauchveronika (*Hebe-Andersonii*-Hybriden). Ebenso gibt es geeignete Arten unter den altbewährten Zimmerpflanzen.
Zum Beispiel *Iresine herbstii* mit ihren purpurroten Blättern und Trieben fühlt sich im Sommer an einem warmen Balkon- oder Terrassenplatz recht wohl – und sieht sehr hübsch aus. Oder für eher schattige Standorte die unvermeidliche, altbekannte Grünlilie (*Chlorophytum comosum* 'Variegatum'), die mit ihren Kindeln so elegant überhängt und einfach zu vermehren ist.
Nicht zu vergessen die aromatischen Kräuter, wie silbergraues Currykraut und Lavendel, blattbunte Sorten von Salbei und Thymian, Oregano, Minze und Melisse (siehe Seite 62) oder gar Zierkohl und bunte Salate (siehe Seite 61).

Efeu-Gundermann

(*Glechoma hederacea*)

Wuchs: senkrecht herabhängende Schleppen
Zierwert: weiß gerandete Blätter

Der heimische Gundermann hat sich nicht nur aufgrund seiner panaschierten Blätter zu einer beliebten Strukturpflanze gemausert, sondern auch wegen seiner langen, wie ein Wasserfall geradewegs herabhängenden Triebe, die einen interessanten gestalterischen Effekt erzielen.
Die immergrünen, winterharten Pflanzen wachsen auch gut im Schatten, sind allerdings bei zu hoher Feuchtigkeit mehltauanfällig.

Silberstrohblume

(*Helichrysum petiolare*)

Wuchs: niedrig, überhängend
Zierwert: silbrig-graues oder panaschiertes Laub.

Diese Art, früher als »Gnaphalium« bekannt, kommt bei uns selten zur Blüte. Stattdessen setzt man sie wegen ihres silbrig-grauen oder panaschierten Laubs als Strukturpflanze ein. Die namengebende silberlaubige Form ist am attraktivsten; von ihr gibt es mehrere Sorten. Weil die Ausgangssorte zum Wuchern neigte, hat die Züchtung kompaktere Pflanzen mit schwächerem Wuchs hervorgebracht. Außerdem sieht man häufig die Sorte 'Rondello' mit runden, cremegelb panaschierten Blättern.

Süßkartoffel (*Ipomoea batatas*)

Wuchs: kriechend-überhängend, auch rankend
Zierwert: schwarzgrünes, gelbgrünes oder auch rosa-weißes Laub
In den USA schon lange beliebt, werden diese üppigen Blattpflanzen mit den vielseitigen Blattfarben und -formen nun auch bei uns entdeckt. Sie gehören zur selben Gattung wie unsere Winden. An ausreichend warmen Standorten und bei guter Wasser- und Nährstoffversorgung bilden sie üppig überhängende Laubtriebe.

Taubnessel (*Lamium maculatum*)

Wuchs: aufrechte Triebe, durch Ausläufer auch überhängend
Zierwert: silbrig-weiße Blattflächen mit grünem Rand oder andere Musterung

Hübsche »bodendeckende« Strukturpflanze für beschattete Standorte, ansonsten recht anspruchslos. Im Sommer wird die Wirkung durch zarte Lippenblüten verstärkt.

Mühlenbeckie
(*Muehlenbeckia axillaris*)

Wuchs: kriechend-überhängend
Zierwert: runde, dunkelgrüne Blätter an zarten Trieben
Mit unzähligen kleinen Blättern bildet diese Pflanze duftig hängende Polster, die bis weit in den Herbst ansehnlich bleiben. Sie will zwar hell stehen, aber geschützt vor praller Mittagssonne. In einem kühlen Raum kann die Verwandte einer Zimmerpflanze sogar überwintert werden.

Rotes Lampenputzergras
(*Pennisetum setaceum* 'Rubrum')

Wuchs: aufrechter Grashorst
Zierwert: burgunderfarbene Halme, im späteren Sommer »Pfeifenputzer«-Blütenstände
Als elegantes Gras ein noch nicht sehr verbreiteter Blickfang für sonnig-warme Standorte. Im Einzelstand in einem Kübel kommt es natürlich noch besser zur Wirkung. Obwohl mit Arten aus dem Staudenbeet verwandt, ist diese Sorte nicht winterhart.

Das Rote Lampenputzergras bildet im Sommer anmutig blühende Horste.

Geschlitztes, filzig-graues Laub sind die ansprechenden Kennzeichen des Silberblatts.

Weihrauch (*Plectranthus coleoides* 'Variegata' oder 'Marginatus')

Wuchs: sparrig überhängend
Zierwert: weiß gerandete Blätter

Diese Blattpflanze hat eine enge Verwandte im Zimmerpflanzen-Sortiment: den Mottenkönig (*P. fruticosus*). Mit ihrer Blattzeichnung eignet sie sich hervorragend als Strukturpflanze oder auch als »Bodendecker« im Kübel. In einem nährstoffreichen Substrat hängen die Triebe bis über eineinhalb Meter aus dem Kasten. Bevorzugter Standort ist der Halbschatten. In der Sonne ist dafür zu sorgen, dass das Substrat nicht austrocknet. Düngung beflügelt das Wachstum. Der Harfenstrauch, wie er auch genannt wird, lässt sich durch Kopfstecklinge vermehren, die sich leicht bewurzeln. Sie können wie die Pflanzen in einem kühlen und hellen Raum überwintert werden.

Kreuzkraut, Silberblatt
(*Senecio bicolor*)

Wuchs: aufrecht
Zierwert: silbrig-graues, geschlitztes Laub
Die Pflanze mit den filzig-grauen Blättern kennt man von Beeträndern oder herbstlichen Gräbern, aber auch im Balkonkasten eignet sie sich als Strukturbildner. Die ab Juli erscheinenden Blüten sind eher unscheinbar. Das Kreuzkraut wird ab März in Schalen vorkultiviert. Gelegentliche Düngergaben sind förderlich, Staunässe ist zu vermeiden.

Buntnessel
(*Solenostemon scutellarioides* syn. *Coleus-Blumei*-Hybriden)

Wuchs: aufrecht
Zierwert: unzählige Blattzeichnungen in gelben und roten Tönen bis hin zu Schwarz, auch abweichende Blattformen
Die buntblättrige Nessel-Zierform ist als Zimmerpflanze seit langem bekannt. Im Sommer erscheinen Blüten, die im Vergleich zum atemberaubend gezeichneten Laub eher unauffällig bleiben. Je heller der Standort, desto kräftiger zeigen sich die Blattfarben. Halbschattige Standorte haben den Vorteil, dass die regelmäßige Bewäs-

serung nicht so viel Aufwand verursacht. Eine angemessene Düngung fördert das Wachstum.
Die geschützte Aussaat ab Februar am Fensterbrett ergibt eine reiche Ausbeute an Pflänzchen mit verschiedenen Blattmustern. Stecklingsvermehrte Pflanzen vom Gärtner lassen sich nach bevorzugtem Muster aussuchen. Die Vermehrung durch Stecklinge im Herbst gelingt aber auch auf dem Fensterbrett einfach.

Gemüse und Kräuter – auch vom Balkon

Wem nur der Balkon zum Gärtnern zur Verfügung steht, der kann leicht auf die Idee verfallen, auch auf diese Weise seinen Speiseplan zu bereichern. Das ist keineswegs abwegig oder so schwierig, wie es auf den ersten Blick erscheinen mag: Gemüse, Kräuter und sogar Obstgehölze lassen sich auch in Gefäßen anbauen. In erster Linie kommt es auf die richtige Auswahl an Arten und Sorten an, denn nicht jede ist für diesen Standort geeignet.
Balkongefäße zeichnen sich durch einen beschränkten Wurzelraum aus. Die meisten Nutzpflanzen bevorzugen vollsonnige Lagen, aber hier gerät die Bewässerung zum Problem. Selbst in großen Einzelgefäßen, wie sie für Wurzelgemüse oder wuchskräftige Arten empfehlenswert sind, muss im Sommer oft zweimal täglich gegossen werden. Da sich das nicht immer gewährleisten lässt, sind West- oder Ostlagen oft günstiger als ein prall besonnter Südbalkon.

Gemüseanbau im 12. Stock

Zwergwüchsige Sorten eignen sich für den Balkon am besten, also zum Beispiel kugelförmige Karotten anstatt Riesenmöhren oder Busch- statt Stabtomaten. Farbige Sorten, beispielsweise von Salat, Mangold oder Grünkohl, wirken darüber hinaus recht dekorativ.
Feldsalat und Spinat lassen sich als Nach-, aber auch als zeitige Vorkultur einplanen. Ab April kann man Kopf- und Pflücksalate, Kohlrabi, Erbsen und Radieschen, aber auch Kresse, Karotten und Mangold ('Lukullus') direkt aussäen sowie Zwiebeln stecken. Rote Bete (klein ernten!) werden ab Monatsende, Bohnen ab Mitte Mai gesät. Stangen- und Feuerbohnen sind wie Kletterpflanzen zu verwenden.

Wer will, kann seinen Dachgarten komplett zu einer Gemüse- und Kräuterplantage umgestalten.

Vorgezogene Pflänzchen, möglichst mit Wurzelballen, sollten bei bedeckter Witterung gesetzt werden. Die wärmebedürftigen Südländer, Tomaten, Paprika, Auberginen, Gurken und Zucchini, kommen erst nach Ende der Frostgefahr ins Freie.

Die größeren Sorten benötigen dabei unbedingt einen eigenen Kübel als Gefäß. Lediglich kleinwüchsige Buschtomaten wie 'Tiny Tim' begnügen sich mit einem Balkonkasten. Eine organische Grunddüngung im Substrat genügt für die meisten Arten bis Ende Juni. Dann kann man vor allem bei den Starkzehrern flüssig nachdüngen.

Sonnenhungrige Kräuter

Da einige Kräuter einen durchlässigen und nährstoffarmen Standort in voller Sonne gewöhnt sind, ist deren Pflege am Südbalkon recht unkompliziert. Ausdauernde Arten wie Thymian, Salbei, Bergbohnenkraut, Ysop, Schnittlauch und Tripmadam können sogar eine Dauerbepflanzung bilden; man pflanzt sie am besten im Mai. Majoran (Vorkultur), Petersilie und Pimpinelle (Direktsaat ab April) ergänzen diese Auswahl. Der Rosmarinstrauch ist aufgrund mangelnder Winterhärte wie eine Kübelpflanze zu behandeln. Das einjährige Basilikum liebt einen heißen Standort, muss allerdings regelmäßig gegossen werden.

Hübsche Früchte

Eine ausgefallene Zierde auch zwischen Balkonblumen: Aus den für Nachtschattengewächse typischen lila Blütensternen von Pepino (*Solanum muricatum*) entwickeln sich im Lauf des Sommers die großen, eierförmigen Früchte, die in der Regel über den Gefäßrand hängen. Auf der gelblichen Grundfärbung zeigen sie mehr oder weniger eine violette Bestreifung. Dieser attraktive Schmuck ist essbar, im Geschmack ähnelt er einer Zuckermelone. Die Früchte brauchen weniger Wärme als Tomaten oder Gurken und kommen daher auch ohne Hilfsmittel auf einem sonnigen Balkon zur Reife.

Damit die Blüten reichlich Früchte ansetzen, ist für eine gute Bewässerung zu sorgen. Ein halbschattiger Standort ist ideal. Übertriebene Düngung geht eher ins Kraut als in die Früchte. Im Winter nimmt die Pflanze mit einem hellen Platz bei etwa 18 °C vorlieb. Ab Ende Februar können an einem warmen und hellen Standort Stecklinge bewurzelt werden.

Die attraktiven Pepino-Früchte machen sich auch gut zwischen blühenden Balkonpflanzen.

Andere Kräuter brauchen nährstoffreiche, tiefgründigere Böden, zum Beispiel Petersilie oder die ausdauernden Zitronenmelisse, Estragon und Origano. Man pflanzt sie in möglichst große Gefäße und sorgt für Bewässerung und Düngung. Hochwüchsige Arten schneidet man gerne vor der Blüte zurück. Auch Dill (gegen Wind stützen) und Boretsch (beide Aussaat April) mögen frischere Erde und beleben die Pflanzung mit zartem Laub bzw. blauen Blüten.
Weil die Pfefferminze feuchten Boden bevorzugt, ist sie in halbschattigen Lagen am besten aufgehoben. Meerrettich, Eberraute oder Wermut eignen sich wenig für die Balkonkultur. Als Substrat darf man normale Blumenerde verwenden. Wichtig ist eine Dränageschicht aus Tonscherben oder Blähton, denn fast alle Kräuter sind empfindlich gegen Staunässe.

Im Kasten:
- Salate aller Art
- Radieschen
- Kohlrabi
- kugelförmige Karotten
- Mini-Rote-Bete
- Mangold
- Erdbeerspinat
- Buschtomaten
- Paprika
- Aubergine
- Stangenbohnen und Erbsen an Rankgerüsten
- Kräuter aller Art

Im Kübel:
- Zucchini
- Gurke
- Artischocke

Auf etwas Reifkompost oder Langzeitdünger im Substrat reagieren die meisten Arten dankbar; eine flüssige Nachdüngung dagegen ist nur bei den hungrigsten erforderlich.

Obstgehölze für den Hausgebrauch

Das Paradies muss nur fünf Quadratmeter groß sein, so groß wie ein kleiner Balkon. Dann können die verführerischsten Früchte locken: Apfel und anderes heimisches Obst wie auch exotische Arten gedeihen hier in ausreichend großen Gefäßen mit hochwertigem Substrat.

Anspruchsloses Beerenobst

Wichtigste Voraussetzung für das problemlose Gedeihen von Beerensträuchern in Kübeln ist ein ausreichend großer Wurzelraum. Einerseits, um einen Wurzelballen ausbilden zu können, der einigermaßen der Größe des oberirdischen Triebgerüsts entspricht. Und andererseits, damit das Substrat genügend Wasser halten kann, so dass man nicht dauernd gie-

Abb. links: Eine Vielfalt von Würz- und Heilkräutern lässt sich gemeinsam oder auch einzeln in Gefäßen ziehen.

Beerensträucher gedeihen gut in Kübeln, auch in der attraktiven Hochstammform.

ßen muss. Vor allem ist darauf zu achten, dass das Triebgerüst nicht zu dicht wird und vergreist. Um die Neutriebe zu fördern, sollte jedes Jahr im Frühjahr gedüngt werden. Bei Heidel- oder Preiselbeeren hat die Gefäßkultur sogar einen entscheidenden Vorteil: Hier lässt sich das Substrat exakt auf den Pflanzenbedarf einstellen, denn diese Arten brauchen ein moosig-saures Milieu.
Erdbeeren sind ein besonderer Leckerbissen, den sich sicher auch so mancher Balkongärtner leisten möchte. Klettererdbeeren lassen sich am Spalier ziehen und fruchten über einen längeren Zeitraum auch an den unbewurzelten Ausläufern. Am besten bindet man sie dazu an Maschendraht auf oder lässt sie hängen. Geeignete Sorten werden im Juli oder August in ein kompostreiches Substrat gepflanzt. Zwischen Einwurzeln und Einwintern darf zweimal nachgedüngt werden, ein weiteres Mal im Frühjahr vor der Blüte. Nach drei bis vier Jahren ist die Pflanzung zu erneuern.

Heimisches Baumobst

Beim heimischen Baumobst kommt es auf die Unterlage an, denn diese ist dafür verantwortlich, dass Obstgehölze klein bleiben. Buschbäumchen auf schwachwüchsigen Unterlagen gibt es von Apfel und Birne, Sauerkirsche und der Pflaumen-Verwandtschaft. Diese Arten lassen sich in Kübeln ab 10 Liter Volumen anbauen, die sehr schwer werden können. Die Krone nimmt relativ viel Platz in Anspruch.
Staunässe lässt sich durch eine Dränageschicht vermeiden. Im Sommer werden die einjährigen Triebe der jungen Bäumchen auf drei bis fünf Blätter zurückgeschnitten, die Fruchttriebe bleiben natürlich erhalten. Von März bis August darf zusätzlich gedüngt werden. Im Winter ist der Wurzelbereich durch enges Zusammenstellen oder besser durch Bedeckung mit isolierenden Materialien vor dem Durchfrieren zu schützen.
Als Erstes hat sich bei den Äpfeln eine perfekte Lösung für den Balkon durchgesetzt: Bei dieser Wuchsform setzen die Früchte am Stamm an, die

Bildung von Seitenästen wird unterbunden. Die so genannten Ballerinas ermöglichen eine Ernte auf kleinster Fläche. Mittlerweile sind solche Formen auch von Steinfrüchten im Umlauf.

Exotische Früchte

Südländische Arten wie Feige, Zitrone, Passionsfrucht, Granatapfel oder Kumquat sind schon länger als Kübelkultur erprobt (siehe Seite unten). Wer solche Früchte ernten möchte, muss den Pflanzen im Sommer einen möglichst warmen und im Winter einen vor Frost geschützten Platz bieten. Perfekt wäre natürlich ein Wintergarten: In einem Licht durchfluteten und nach Bedarf beheizbaren Raum lassen sich die wärmebedürftigen Obstarten pflegen, wie es etwa ihrem gewohnten Rhythmus entspricht. Und die Früchte können an der Pflanze ausreifen, was in unserem Freilandklima nicht selbstverständlich ist.

Nicht nur klassische Kübelpflanzen, auch Gartengehölze wie Rosen lassen sich auf der Terrasse ziehen.

Abb. links: Im Kübel kann man auch exotische Früchte kultivieren, die in unserem Klima nicht winterhart sind.

Kübelweise Blütenpracht

Was sich so unprosaisch hinter dem Wort »Kübel« versteckt, sind in Wirklichkeit Pflanzenschätze, die wir sonst aus südlichen Urlaubsländern kennen. Doch in ausreichend großen Gefäßen zeigen sie auch bei uns ihre Pracht – vorausgesetzt, man pflegt sie richtig.
Die meisten dieser Gehölze vertragen keinen oder nur wenig Frost und müssen daher im Winter in Sicherheit gebracht werden. Dafür sind bewegliche Kübel die Voraussetzung. Allgemeine Hinweise zur Überwinterung finden Sie ab Seite 89.
Geeignet sind außer den genannten und weiteren exotischen Arten auch die strauchigen Arten aus dem Balkonkasten, die sich bei Einzelstand noch eindrucksvoller entwickeln. Ein

gestalterischer Leckerbissen sind Hochstämmchen, zum Beispiel von Fuchsie, Geranie, Wandelröschen oder Strauchmargerite.
Im Sommer sind die meisten Kübelpflanzen Sonnenanbeter – nur bei viel Licht und Wärme blühen und gedeihen sie üppig. Außerdem benötigen einige Arten reichliche Mengen an Wasser und Nährstoffen. Selbst großzügige Gefäße müssen ausgiebig versorgt werden – ohne dass es dabei zu Staunässe kommen darf.
Nicht nur aus optischen Gründen empfehlen sich Ton- und Keramiktöpfe oder auch halbierte Holzfässer. Diese schweren Gefäße widerstehen auch besser den Windkräften, die das oft kopflastige Gewächs umzustürzen drohen. Nachteil: Bei porösen Materialien geht Wasser durch Verdunstung verloren. Wichtig ist in jedem Fall ein gesicherter Wasserabfluss. Hinsichtlich der Substrate und der Düngung gilt das bereits bei den Balkonkästen Beschriebene.

Kurzporträts der beliebtesten Kübelpflanzen

Schönmalve (*Abutilon*-Hybride)
Zierwert: rote Blütenglocken
Bei optimaler Pflege im Wintergarten trägt dieser dankbare Strauch das ganze Jahr hindurch seine roten oder auch gelben Blütenglocken, am besten im Halbschatten. Bei kühler Überwinterung jedoch werden die ahornartigen Blätter abgeworfen. Im zeitigen Frühjahr verträgt die Schönmalve einen kräftigen Rückschnitt.

Bougainvillea (*Bougainvillea glabra*)
Zierwert: kräftig gefärbte Scheinblüten in großer Dichte
Die ursprünglich violetten, mittlerweile in mehreren Farbsorten existierenden Scheinblüten überziehen die Pflanze auch bei uns, sofern sie vollsonnig steht, gerne vor einer warmen Wand, und gut mit Wasser und Nährstoffen versorgt wird. Vor dem Winter lässt man sie etwas austrocknen, damit sie das Laub abwirft. Trotzdem müssen Bougainvilleen relativ warm (zwischen 10 und 20 °C) überwintert werden.

Engelstrompete
(*Brugmansia* syn. *Datura*)
Zierwert: große, duftende Blüten
Mit ihren riesigen Trompetenblüten, die vor allem nachts einen schweren Duft verbreiten, gehören die Engelstrompeten zu den beliebtesten Kübelpflanzen. Sie lassen sich kräftig zurückschneiden und relativ leicht durch Stecklinge vermehren. Die Voraussetzung für gutes Gedeihen ist allerdings ausgiebigstes Gießen und Düngen. Die frostempfindlichen Gewächse werfen bei den ersten Frösten die Blätter ab und können in relativ dunklen Räumen überdauern.

Zylinderputzer (*Callistemon citrinus*)
Zierwert: an Flaschenbürsten erinnernde Blüten

Abb. links
Die Form der Blüten erinnert an „Zylinderputzer", das Farbenspiel an ein Feuerwerk.

Im späten Frühjahr erscheinen über dem graugrünen Laub die charakteristischen Blüten. Das australische Myrtengewächs wird auch bei windgeschütztem Stand und optimaler Wasser- und Düngergaben im Kübel nicht größer als 1,50 m. Überwintert wird bei 5–10 °C.

Indisches Blumenrohr
(*Canna indica*)

Zierwert: irisartige Blüten in Rot oder Gelb, große, oft rötlich gezeichnete Blätter

Die bekannte Blume braucht einen sonnigen Standort und ausgiebiges Gießen, damit zuerst die eleganten Blätter aus den überwinterten Knollen sprießen und sich darüber ab Sommer die exotischen Blüten zeigen. Damit sich bis Frostbeginn ständig neue entwickeln, sollte man verwelkte Blüten regelmäßig ausputzen.

Citrus-Arten

Zierwert: süß duftende Blüten, fast ganzjährig Citrusfrüchte

Die immergrünen *Citrus*-Arten bilden bei uns nur unter günstigen Bedingungen die Früchte, für die sie auf der ganzen Welt bekannt sind. Sie sind äußerst empfindlich und anspruchsvoll: Das Substrat soll lehmig sein, aber einen guten Wasserabfluss ermöglichen, weil sonst die Wurzeln faulen und das Laub abgeworfen wird. Insbesondere im Winter, bei etwa 5–10 °C, ist eine Übernässung unbedingt zu vermeiden. Frost wird von manchen Arten überhaupt nicht vertragen. Das Gießwasser sollte möglichst kalkfrei sein. Bei der Düngung ist auch auf die Spurenelemente (Eisen!) zu achten.

Roseneibisch (*Hibiscus rosa-sinensis*)

Zierwert: riesige Blütenkelche

Die meist roten Blüten des Hibiskus gehören zu den auffälligsten Erscheinungen auf der Terrasse, auch bekannt vom Fensterbrett. Der frostempfindliche Roseneibisch kann also relativ warm überwintert werden, ist dann allerdings anfällig gegen saugende Insekten. Im Wintergarten wäre sogar eine ganzjährige Blüte möglich. Bei der Umstellung von kalt auf warm und umgekehrt, aber auch bei zu viel oder zu wenig Wasser wirft er leicht Blätter und Knospen ab. Mindestens alle zwei Jahre sollte man die Triebe nach dem Winter zur Hälfte zurückschneiden. Eine regelmäßige

Abb. links: Die Kreppmyrte blüht spät, aber bei guter Pflege, insbesondere Düngung, verschwenderisch.

Abb. rechts: Die Zwergpalme (*Chamaerops*) ist aufgrund ihrer geringen Größe und Robustheit eine der häufigsten Kübelpalmen.

Düngung ist Voraussetzung für anhaltenden Blüherfolg.

Lagerstroemie, Kreppmyrte

(*Lagerstroemia indica*)
Zierwert: zahlreiche fliederartige Blüten
Das strauchartige Weiderichgewächs aus dem Fernen Osten kann eine Höhe von mehreren Metern erreichen. Durch gezielten Rückschnitt allerdings lässt sich die Größe lenken. Die Blüten in Rosa bis Rot oder in Weiß erscheinen erst von August bis Oktober. Die Pflanzen brauchen viel Wasser und regelmäßige Düngung, vertragen aber keine Staunässe. Ein kräftiger Rückschnitt am Ende der kühlen Überwinterung fördert den Austrieb und damit die Blütenbildung.

Eisenholzbaum

(*Metrosideros excelsa*)
Zierwert: exotische Blüten mit langen, roten Staubfäden Schon im Mai/Juni überdecken die zahlreichen Blüten das blaugraue Laub. Dazu sollte man dafür sorgen, dass die Erde während der Saison nie austrocknet, und regelmäßig düngen. Lediglich zur Überwinterung bei 10–15 °C werden die Pflanzen trockener gehalten.

Oleander (*Nerium oleander*)

Zierwert: den ganzen Sommer zahllose Blüten
Einer der häufigsten Sträucher rund um das Mittelmeer ebenso wie auf unseren Terrassen. Die duftenden Blüten spielen zwischen weißen und kräftig roten Tönen. Er braucht viel (kalkhaltiges!) Wasser und Dünger, in regnerischen Jahren blüht er weniger. Abgestorbene Triebe oder gefleckte Blätter sollten möglichst rasch entfernt werden, um die Ausbreitung von Krankheiten zu verhindern.

Der Oleander verträgt erste Fröste bis minus 10 °C. Beim Einräumen belässt man die alten Blütenstände. Bei heller Überwinterung immergrün. Alle zwei bis drei Jahre sollte vor dem Ausräumen etwa ein Drittel zurückgeschnitten werden.

Palmen
Unter dieser Bezeichnung sind in nebenstehender Tabelle verschiedene Arten zu einer kleinen Übersicht zusammengefasst. Sie unterscheiden sich in Frosthärte und Wuchsgeschwindigkeit. Manche *Yucca*-Arten können unsere Winter überstehen, unter günstigen Umständen auch die Hanfpalme. Schwierigkeiten kann es bei zu warmer Überwinterung geben, im Freien sind Palmen eher robust.

Die häufigsten Kübel-Palmen

Pflanze	Merkmal
Zwergpalme (*Chamaerops humilis*)	meist unter 1 m, fächerförmige Wedel; robust
Dattelpalme (*Phoenix canariensis*)	derbe, typische Palmwedel, keine Früchte
Hanfpalme (*Trachycarpus fortunei*)	fächerförmige Wedel, verträgt bis unter minus 10 °C
Fächerpalme (*Washingtonia filifera*)	fächerförmige Blätter, wächst rasch; alte Blätter abschneiden
Palmlilie (*Yucca* spec.)	keine echte Palme, ledrige, spitze Blätter, z. T. Stamm bildend; robust

Passionsblume (*Passiflora*)
Zierwert: handtellergroße, exotische Blüten

Von diesen herrlich blühenden Rankpflanzen gibt es zahlreiche Arten und Sorten, die für die Kultur in Frage kommen. Im Sommer muss viel gegossen und gedüngt werden, damit sie ab Mitte Juli ihre Blüten öffnen. Man formiert bei jungen Pflanzen einige Leittriebe am Gerüst und schneidet die Nebentriebe beim Einräumen im Herbst kräftig zurück. Bei Überwinterung um 5 °C wird das Laub abgeworfen.

Abb.links: Reich blühend, auch in Hochstammform, hat sich der Bleiwurz als Terrassenschmuck beliebt gemacht.

Bleiwurz (*Plumbago auriculata*)
Zierwert: zahlreiche himmelblaue Blüten
Die überhängenden Büsche aus Südafrika tragen von Juni bis in den Herbst ihre jasminähnlichen, manchmal auch weißen Blütendolden. Voraussetzung ist eine gute Versorgung mit Wasser und Dünger. Außerdem empfiehlt sich ein vor Wind geschützter Standort. Die Überwinterung erfolgt hell und relativ warm bei 15 °C.

Granatapfel (*Punica granatum*)
Zierwert: viele rote Blüten, seltener Früchte
An vollsonnigen Standorten entwickeln sich in unserem Klima zahlreiche Blüten, die es auch in Gelblich und Weiß gibt. Die Ziersorten blühen vom Frühsommer bis zum Herbst durch. In unserem Klima reifen die Früchte nicht aus. Vom Austrieb bis Ende Juli ist ausgiebiges Gießen und Düngen wichtig. Da der Strauch bei Frösten um minus 5 °C das Laub verliert, kann er kühl und relativ dunkel überwintert werden; dann benötigt er auch kaum Wasser.

Kassie, Kerzenstrauch
(*Senna* syn. *Cassia corymbosa*)
Zierwert: goldgelbe Blütentellerchen über gefiedertem Laub.

Der Kartoffelstrauch gehört zu den hungrigsten, aber auch am reichsten blühenden Kübelgehölzen.

Das tropische Gewächs blüht bei regelmäßiger Wasser- und Nährstoffversorgung zuverlässig durch den Sommer, im beheizten Wintergarten sogar das ganze Jahr über. Deshalb ist es mittlerweile auch in kleinen Töpfen erhältlich. Die Pflanzen sind recht frostempfindlich; deshalb räumt man sie rechtzeitig in Räume mit 10–15 °C. Die nahe verwandte *S. didymobotrya* ziert durch aufrecht stehende, gelbe Blütenkerzen.

Nachtschatten
(*Solanum rantonettii, S. wendlandii, S. jasminoides*)
Zierwert: zahlreiche kleine Blütenteller
Diese Nachtschatten-Arten gehören zur gleichen Familie wie die Engelstrompeten und sogar zur selben Gattung wie unsere Kartoffel. Die typischen Blüten erscheinen in blauen, violetten oder auch weißen Tönen an den Jahrestrieben und erfreuen über lange Zeit, wenn man die Pflanzen reichlich gießt und düngt.
Da sie im Winter ihr Laub verlieren, können die *Solanum*-Arten in relativ dunklen Räumen überdauern. Im Wintergarten können sie aber auch fast ganzjährig durchblühen. *S. jasminoides* lässt sich als Kletterer einsetzen.

Mittelmeer-Schneeball, Laurustinus (*Viburnum tinus*)
Zierwert: weiße oder auch hellrosa Blütendolden

Weitere empfehlenswerte Kübelpflanzen

Pflanze	Merkmal	Pflegehinweis
Schmucklilie (*Agapanthus praecox*)	Zwiebelblume, blaue Blütendolden	sonnig, bis Juli, gut düngen
Aukube (*Aucuba japonica*)	immergrün, ledrige, gelb gescheckte Blätter	robust, verträgt erste Fröste, am besten halbschattig
Orangenblume (*Choisya ternata*)	weiße, duftende Blütenrispen, immergrün	relativ unempfindlich, auch Halbschatten; nach erster Blüte etwas austrocknen lassen
Zierbanane (*Ensete ventricosum*)	palmartige Bananenstaude	viel gießen und düngen, kühl überwintern
Wollmispel (*Eriobotrya japonica*)	derbe, immergrüne Blätter, evtl. essbare Früchte	anspruchslos, verträgt etwas Frost
Korallenbaum (*Erythrina crista-galli*)	Trauben von roten Blüten	robust, aber frostempfindlich, kühl und trocken überwintern
Feige (*Ficus carica*)	gelapptes Laub, (Früchte)	im Sommer robust, früh ausräumen
Veilchenstrauch (*Iochroma cyaneum*)	lila Blütenröhrchen	viel gießen und düngen, kühl überwintern
Lorbeer (*Laurus nobilis*)	immergrüner Strauch, Laub aromatisch	robust, verträgt Schnitt und 10 ° Frost
Echte Banane (*Musa acuminata*)	große Blätter bilden einen Stamm	sehr durstig, sehr frostempfindlich
Klebsame (*Pittosporum tobira*)	duftende Blütendolden, dunkelgrünes Laub	robust, verträgt erste Fröste
Paradiesblume (*Strelitzia reginae*)	exotische Blüte, elegantes Laub	sehr empfindlich und wärmebedürftig
Prinzessinenblume (*Tibouchina urvilleana*)	purpurne Blütenteller	gut gießen und düngen, rechtzeitig zurückschneiden
Sternjasmin (*Trachelospermum jasminoides*)	*kleine, weiße,* duftende Blüten	anspruchslos, auch kletternd, verträgt Schnitt und einige Minusgrade

Das blühfreudige immergrüne Gewächs aus dem Mittelmeerraum ist mit einigen heimischen Sträuchern verwandt, aber nicht völlig winterhart. In der Regel wird es daher bei etwa 5 °C überwintert. Im Wintergarten kann der übliche Flor von Mai und August verlängert werden. Dazu muss regelmäßig gegossen und gedüngt werden.

Pflanzenfreude rund ums Jahr

Die ersten Blüten im Frühling

Im allgemeinen denkt man beim Balkongarten an die üppige sommerliche Blütenpracht. Dass die Bepflanzung aber gerade in den übrigen Zeiten eine wertvolle Bereicherung des Wohnbereichs sein kann, wird häufig vergessen. Nach den kalten, kahlen Wintertagen steckt in den ersten Triebspitzen, die aus den Kästen und Töpfen hervorlugen, eine besondere Symbolkraft. Spätestens wenn sich dann endlich die ersten Blüten öffnen, glaubt auch der Betrachter den neuen Frühlingsschwung zu spüren.

Frühlings-Zwiebelblumen

Die größte Auswahl an Frühblühern finden wir bei den Zwiebelblumen. Zeitlich noch weit vor Narzissen, Tulpen und Hyazinthen kommen eine Menge kleinerer Arten zum Blühen. Am häufigsten werden wohl Krokus, Schneeglöckchen und Traubenhyazinthen (*Muscari*) verwendet. Aber auch Blausternchen (*Scilla* spec.), Strahlenanemone (*Anemone blanda*) oder Zwiebeliris (*Iris reticulata, I. danfordiae*) bieten attraktive Blüten. Beachten Sie bei der Auswahl nicht nur die Farben, sondern auch die unterschiedlichen Blühtermine für Ihre Kombination! Wichtig für ein gutes Gedeihen der Blumenzwiebeln ist die ausreichende Pflanztiefe des Gefäßes. Je größer die Zwiebel, desto tiefer muss sie gelegt werden – und am Grund sollte noch genügend Substratunterlage bleiben. Für Tulpen und Narzissen ist also ein mindestens 20 cm hohes Substrat erforderlich.
Die unterste Substratlage sollte den Wasserabfluss sichern, denn bei Staunässe faulen die Zwiebeln. Gelegt werden sie am besten schon im September; nur ausnahmsweise sollte man diesen Termin bis November verzögern. Zuerst setzt man die Zwiebeln von Tulpen, Narzissen oder Hyazinthen, erst dann werden die kleineren Arten dazwischen verteilt. Ein natürlicher Eindruck entsteht, wenn die jeweilige Art nicht einzeln steht, sondern in kleinen Grüppchen zur Wirkung kommt. Damit der Kasten nicht völlig durchfriert, stellt man ihn etwas geschützt auf, zum Beispiel in der Garage oder an der Hauswand, abgedeckt mit Reisig, Zeitungen oder Stoff. Der Sonne sollte er dabei nicht ausgesetzt sein, denn die kann zu verfrühten Aktivitäten verleiten. Ab Februar wird an einem wärmeren Plätzchen vorgetrieben.

Zweijährige Frühlingsstars

Einige der populärsten Frühlingsblüher sind unter den »Zweijährigen« zu finden, also unter den Pflanzen, die im Sommer ausgesät werden müssen, um dann erst in der zweiten Vegetationsperiode zum Blühen zu kommen.

Linke Seite: Primeln und zahlreiche Zwiebelblumen bilden den Hauptflor zu Beginn der Balkonsaison.

Das Maßliebchen blüht wie das Stiefmütterchen erst im zweiten Jahr, gehört aber dann zu den ersten.

Bester Zeitpunkt für die Aussaat ist Juni/Juli. Im August werden die Sämlinge umgepflanzt, so dass sie genügend Raum haben, um sich bis zur kalten Jahreszeit kräftig zu entwickeln. Häufig bilden sie schon Blüten, bevor sie überwintert werden.
Zweijährige sind relativ robust: Die Abdeckung mit Reisig, vor allem in raueren Gegenden empfohlen, gilt mehr dem Schutz vor Sonnenstrahlen als vor dem Frost. Wer sich langfristige Vorbereitungen ersparen will, besorgt sich die Pflanzen im Frühling beim Gärtner. Bepflanzt werden kann dann ab Ende Februar.
Man kann auch bereits im Herbst die Kästen für den Frühling bepflanzen und etwas geschützt aufbewahren, um sie bei den ersten warmen Sonnenstrahlen im Februar auf den Balkon zu hängen.

Maßliebchen (*Bellis perennis*)
Im Gegensatz zu seiner »wilden« Schwester blüht das mehr oder weniger gefüllte Gänseblümchen nur bis Mai. Die vielen Sorten bieten besonders große Blüten in weißen und roten Farbtönen über den Laubpolstern. Das Substrat sollte immer gleichmäßig feucht sein, was im Frühjahr kein Problem ist, aber zur Aussaatzeit.

Vergissmeinnicht (*Myosotis*-Hybriden)
Das Vergissmeinnicht sollte als dankbarer Blüher auch auf dem Balkon nicht verachtet werden. Seine bis zu 25 cm hohen blauen Blüten mit dem gelben Auge begleiten die Frühjahrspflanzung bis in den Juni.
Sobald die Keimlinge nach der Aussaat zu kräftigen Individuen herangewachsen sind, vereinzelt man sie rechtzeitig vor Herbstbeginn. Im Frühbeet oder unter Reisig wird der Winter am besten überstanden.

Stiefmütterchen
(*Viola-Wittrockiana*-Hybriden)
Die großblütigen Veilchengewächse, auch als »Tag-und-Nachtschatten« geläufig, kennt jedes Kind. Die Vielfalt der Farben und Zeichnungen lässt sich kaum noch überblicken. Deshalb ist es einfacher, sich die gewünschten Sorten im Frühjahr beim Gärtner zusammenzustellen, als mehrere Sorten selbst auszusäen. In flachen Schalen ausgepflanzt, darf man allerdings auch auf die Flächenwirkung einer einzi-

Abb. links: Hornveilchen sind zwar die kleineren Geschwister der Stiefmütterchen, aber mehr- statt zweijährig.

gen Blütenfarbe setzen. Stiefmütterchen reagieren dankbar auf gelegentliche Düngergaben. Da sie unter günstigen Umständen bis weit in den Sommer hinein blühen, eignen sie sich hervorragend als Ergänzung einer Dauerbepflanzung.

Wenn Stauden mit dem Frühling flirten

Natürlich gibt es auch früh blühende Stauden, also mehrjährige Arten, die sich für die Bepflanzung des Balkons eignen. Seit langem bewährt sind Primeln. Seit einigen Jahren aber wird ein größeres Sortiment von Stauden für diesen Zeitraum angeboten, größtenteils unter der Bezeichnung FrühlingsFlirt®, die eine weitaus fantasievollere Gestaltung ermöglichen.

Zu dieser Auswahl gehören einige hübsche Frühlingsblüher, wie Lungenkraut (*Pulmonaria)* und Schaumblüte (*Tiarella*), Schöterich (*Erysimum*), Purpurglöckchen (*Heuchera*) und Euphorbien, oftmals in blattbunten Sorten. Besonders auffällig sind kurzstielige und großblütige Akeleien. Die Blüte wird durch die gärtnerische Vorkultur meist noch verfrüht. So entstehen Pflanzungen, die bis in den Frühsommer hinein natürlich wirken. Danach lassen sich die Pflanzen im Garten weiter verwenden.

Primeln

(*Primula-Elatior*-Hybriden, *P. vulgaris*)
Von den bescheidenen Blümchen gibt es zahlreiche Farbsorten. Sie lieben einen frischen Untergrund und gedeihen in beschatteten Lagen besser als in praller Sonne. Es ist recht einfach, die Primeln zwischen Mai und Juli

Unter dem Logo „Frühlingsflirt®" firmiert ein Sortiment von natürlich wirkenden, frühblühenden Stauden.

wie Zweijährige auszusäen. Weil aber die Pflanzen nicht teuer sind, kaufen die meisten beim Gärtner ein. Außerdem gibt es neuerdings besonders anmutige gefüllte Sorten. Nach dem Auspflanzen ist bei stärkeren Frösten ein vorübergehender Schutz empfehlenswert. Im Mai ist üblicherweise die fröhlich bunte Blütenpracht vorüber.

Malerischer Saisonabschluss

Eine Herbstpflanzung lässt sich noch bis Anfang Oktober zusammenstellen; am besten aber kann sie sich entwickeln, wenn man die Kästen und Töpfe bereits im August bepflanzt. Dies hat einen weiteren Vorteil: Die Pflanzen sind für alle Sommerfeste auf der Terrasse ein beliebtes Mitbringsel. Der Übergang zum Winter ist fließend. Die meisten Arten wurden schon nach dem Kriterium ausgewählt, dass sie zumindest einigermaßen frosthart und bis zum Einbruch des Winters gut anzusehen sind. Dabei lassen sie sich durch einige Sommerblumen ergänzen, die bis zum Frost durchblühen, wie Sommerastern, Löwenmäulchen oder Feuersalbei.

Die klassische Herbstbepflanzung besteht aus Chrysanthemen, Heidekraut-Arten und Alpenveilchen.

Klassische Herbstblüher

In früheren Jahren wurde das Bild des Balkons zum Saisonende von ein paar wenigen Arten geprägt.

Chrysanthemen (*Chrysanthemum-Indicum*-Hybriden) sind mit ihrer üppigen Herbstblüte in leuchtenden Farben die Stars der Bepflanzung. Von dieser winterharten Staude, vor allem als Schnittblume bekannt, verwendet man ausschließlich schwachwüchsige Sorten für die Gestaltung herbstlicher Kästen. Chrysanthemen wollen ausgiebig gegossen und gedüngt werden. Das Entfernen verblühter Stiele verlängert die Blüte. Es lohnt sich, die Pflanzen mit Papier oder leichten Stoffen abzudecken, wenn stärkere Nachtfröste angekündigt sind. Die Pflanzen können zwar überwintert werden, verlieren aber bis zum nächsten Herbst ihre kompakte Gestalt.

Ebenfalls ein beliebter Herbstblüher ist das Alpenveilchen (*Cyclamen persicum*). Die Blüten in vielerlei roten Tönen oder auch in Weiß erheben sich von August bis November über dem silbrig gezeichneten Laub. Die

Pflanze braucht viel Wasser, zu starke Besonnung ist eher nachteilig. Anschließend kann sie im Zimmer weiter gezogen werden.

Heidekräuter sind Kleinsträucher, die sich auch für die Bepflanzung von Kästen und Schalen im Halbschatten eignen. Von den drei wichtigsten Arten gibt es überwiegend Sorten in roten Tönen, aber auch weiße.
Die **Besenheide** (*Calluna vulgaris*) ist eine Moorbeetpflanze und braucht ausgesprochen saures Substrat. Ihre Blüte leitet vom Spätsommer in den Herbst; nur ein Teil der Sorten eignet sich für eine vorwinterliche Bepflanzung von September bis Dezember. Besenheide lässt sich mehrjährig nutzen, wenn man sie im Frühjahr kräftig zurückschneidet.
Die bekannte Topfpflanze **Erika** (*Erica gracilis*) wird häufig mit den beiden winterharten Heide-Arten verwechselt. Sie stammt jedoch aus Südafrika und wird zu Beginn der Blütezeit (September bis Dezember) beim Gärtner gekauft. Blüten, die nach stärkeren Frösten verbräunen, können herausgeschnitten werden.
Die **Schneeheide** (*E. herbacea*) schließlich blüht zwischen Dezember und April. Sie eignet sich daher, um die Herbst- und die Frühjahrsbepflanzung über die kälteste Zeit des Jahres hinweg zu verbinden. Anders als Besenheide und Topf-Erika reagiert sie nicht kalkempfindlich und gedeiht in normaler Balkonerde.

Klare Formen und eine markante Blüte zeichnen die Skimmie aus.

Bewährte Begleiter

Die **Strauchveronika** (*Hebe-Andersonii*-Hybriden) wird häufig als Zimmerpflanze gehandelt und blüht im Spätsommer mit ihren weißen, roten oder violetten Blütentrauben. Kleinwüchsige Sorten haben sich als Partner von Erika und Chrysanthemen in herbstlichen Balkonkästen bewährt, nicht zuletzt aufgrund des immergrünen Laubs, das vor allem in der weißbunten Form 'Variegata' jede Bepflanzung bereichert. Bei gesichertem Wasserabzug will die Strauchveronika regelmäßig gegossen und gedüngt werden. Vor härteren Frösten kann sie in Sicherheit gebracht und bei 5–10 °C überwintert werden.
Ein typischer Begleiter der Herbst- und Winterbepflanzung ist die **Skim-**

mie (*Skimmia japonica*). Nachdem das winterharte Gehölz im Frühling geblüht hat, schmückt es sich den ganzen Winter über mit leuchtend roten Beeren. Ein halbschattiger, windgeschützter Standort wäre ideal.

Auch die **Torfmyrte** (*Pernettya mucronata*) zieht vor allem mit den meist rötlich gefärbten Früchten die Blicke auf sich. Wie der Name andeutet, verträgt die Pflanze keinen Kalk in Wasser oder Erde. Außerdem bevorzugt sie einen nicht zu sonnigen Platz. Das einjährige **Kreuzkraut** (*Senecio bicolor*) bildet kleine, robuste Büsche und bereichert die Pflanzung vor allem durch das geschlitzte, silbergraue filzige Laub. Ebenfalls silbergraue Töne liefert das **Silberkörbchen** (*Calocephalus brownii*). Aufgrund der dornigen Triebe wird das anspruchslose Gewächs auch manchmal respektlos als »Stacheldraht« bezeichnet.

Ajanja (*A.-Pacifica*-Hybriden) fand ursprünglich aufgrund ihres hübsch gebuchteten Laubs mit dem silbergrauen Rand ins Pflanzensortiment. Mit der Zeit allerdings wurde sie auch aufgrund ihrer gelben oder weiß-gelben Korbblüten immer beliebter.

Das Herbstzauber-Sortiment erlaubt malerische Bilder mit verschiedenen Laubfarben und -formen.

Bezaubernde Vielfalt des Laubs

Unter dem Markenbegriff **Herbstzauber®** hat sich vor einiger Zeit ein Pflanzensortiment etabliert, aus dem man ab Spätsommer bis zum Winteranfang eine natürlich wirkende Bepflanzung zusammenstellen kann. Die meisten Arten sind sogar winterhart.
Ihre ausdrucksvolle Wirkung kommt nicht zuletzt durch die verschiedenen Färbungen und Strukturen des Laubs zustande. Da gibt es Arten mit charakteristischem Erscheinungsbild, wie Bergenie oder Thymian.
Von Günsel (*Ajuga*), Wolfsmilch (*Euphorbia*) und Salbei sind mehrere unterschiedlich belaubte Sorten im Umlauf, der unverzichtbare immergrüne Efeu bringt es gar auf zwölf.
Zu einer Hauptattraktion hat sich das Purpurglöckchen (*Heuchera*) entwickelt: Die Horste der relativ großblättrigen Staude gibt es in mindestens sechs Farbsorten, teils in pupurnen Tönen, teils mit einer farblich her-

vortretenden Äderung. Nadelartiges, silbergraues Laub können Silberzapfen (*Helichrysum thianschanicum*) und Heiligenkraut (*Santolina*) vorweisen.

Natürlich dürfen Blütenpflanzen nicht fehlen. Ebenfalls mehrere Sorten von der Fetthenne (*Sedum*) in verschiedenen Rottönen sowie vom Schneefelberich (*Lysimachia*) mit seinen weißen Kerzen sind im Angebot. Die Farbe Blau kommt durch den Bleiwurz (*Ceratostigma*) sowie die Bartblume (*Caryopteris*) ins Spiel. Durch verschiedene Wuchsformen werden die Kombinationsmöglichkeiten erweitert. Es gibt rankende, kriechende und malerisch überhängende Arten wie *Muehlenbeckia* oder *Saxifraga*. Grazile Formen zeigen die Gräser der Gattung *Carex* sowie der grasähnliche Kalmus (*Acorus*). Ergänzt wird das Sortiment durch einige Freilandfarne mit ihren jeweils typischen Wedeln.
Häufig werden diese Pflanzen mit einer Dauerbepflanzung kombiniert, zum Beispiel mit kleinwüchsigen Koniferen oder anderen **Immergrünen**. Wenn man dann auch noch einige **Frühlingsblüher** dazwischensetzt, gelingt der Übergang zum nächsten Jahr ideal.

Gehölze für die Dauerbepflanzung

Die bunte Saisonbepflanzung muss jedes Jahr neu angelegt werden und ist intensiv zu pflegen. Trotz dieses Aufwands lässt sie den Balkongärtner im Winter im Stich. Dadurch bekommen auch weniger spektakuläre Pflanzen eine Chance, die dafür einen längeren Atem haben.
In einer klassischen Dauerbepflanzung bilden die Zwergformen verschiedener Gehölze das Gerüst. Immergrüne können natürlich am besten Trost spenden in der ansonsten kahlen Winterszeit. Aber auch sommergrüne Arten haben ihren Reiz, weil sie auf dem Balkon den Wechsel der Jahreszeiten vollziehen.
Damit eine solche Bepflanzung nicht eintönig wirkt, mischt man Arten mit unterschiedlicher Belaubung und vor allem Wuchsform. Damit nicht genug: In die Zwischenräume kann man grazile Gräser und Blütenstauden (siehe S. 21 und 78) setzen. Ergänzend empfiehlt sich die Ansiedlung von Früh-

Eine Dauerpflanzung mit immergrünen Gehölzen verleiht selbst Beton-Wohnblocks einen lebendigen Anstrich.

lings- (z. B. Blumenzwiebeln) und Herbstblühern.

Als immergrüne Gehölze bieten sich in erster Linie Zwergsorten der Koniferen an, nämlich von Fichte (*Picea*), Kiefer (*Pinus*), Eibe (*Taxus*), Wacholder (*Juniperus*), Lebensbaum (*Thuja*) und Scheinzypresse (*Chamaecyparis*). Sie unterscheiden sich durch die Färbung (z. B. gelblich, dunkelgrün, bläulich oder silbergau) und Struktur des Laubs sowie durch die Wuchsform: senkrechte Säulen, Kugeln, Kissen und Kegel, kriechende und überhängende Formen bieten die Möglichkeit zur Abwechslung.

Natürlich gibt es auch immergrüne Laubgehölze in Zwergformen, wie Buchs (*Buxus sempervirens* 'Suffruticosa'), Zwergmispel (*Cotoneaster*), Kriech-Spindel (*Euonymus fortunei*), Skimmie (*Skimmia japonica*), *Berberitze (Berberis buxifolia*) und Berg-Stechpalme (*Ilex crenata*), außerdem Bodendecker wie Efeu und Immergrün. Rhododendron-Hybriden und Rosmarin-Seidelbast (*Daphne cneorum*) können darüber hinaus mit einer attraktiven Blüte aufwarten.

Mit dem Winterjasmin (*Jasminum nudiflorum*) steht sogar ein elegant überhängender Winterblüher zur Verfügung. Aber auch die sommergrünen Zwerggehölze sind nicht zu verachten, wie Blutberberitze (*Berberis thunbergii*), Zwergbirke (*Betula nana*) und Purpurweide (*Salix purpurea*) oder gar blühende Arten wie Fingerstrauch (*Potentilla fruticosa*), Kissen-Ginster (*Cytisus decumbens*), Pfeil-Ginster (*Genista sagittalis*) und Zwergspiere (*Spiraea*).

Um Pflanzen mit dem gewünschten Zwergwuchs zu erhalten, wendet man sich am besten an eine Markenbaumschule. Es müssen schon die richtigen Sorten sein, auch wenn sie etwas teurer sein sollten – anfangs kleine Pflanzen wachsen sonst schneller, als einem lieb ist, und die beabsichtigte Dauerpflanzung war dann nur von kurzem Bestand.

Auch wenn es sich um Zwergformen handelt, die in der Regel nicht über einen Meter groß werden, sind den Gehölzen möglichst geräumige Gefäße anzubieten. Nur dann bilden sie auch das notwendige Gewicht, um bei heftigen Winden dem Angriff zu widerstehen. Viele Koniferen sprengen übrigens nach etwa zehn Jahren den vorgegebenen Größenrahmen und

Der rotblättrige Schlitz-Ahorn eignet sich für den Einzelstand, auch wenn er sein Laub verliert.

müssen ausgetauscht werden. Größere Gehölze eignen sich bestenfalls als Solitärs, also für Einzelstellung in kübelartigen Gefäßen. Hervorzuheben für solche Zwecke wären der Japan-Ahorn (*Acer palmatum* 'Dissectum Garnet') und verschiedene Bambus-Arten.

Geringer Pflegeaufwand

Gepflanzt wird im Herbst oder Frühjahr. Da die Gehölze bis zum Frost sicher einwurzeln müssen, ist der Frühjahrstermin zu bevorzugen. Frei liegende Wurzeln sollte man zuvor etwa zwei Stunden wässern. Hinsichtlich Substrat und Pflanzvorgang sind dieselben Dinge zu berücksichtigen wie bei der Saisonbepflanzung (siehe S. 84). Wichtig ist ein guter Abfluss, denn die meisten Gehölze reagieren empfindlich auf Staunässe.

Auf einem Südbalkon wechseln häufig tiefe Nachttemperaturen mit tagsüber praller Sonne ab, was für die Pflanzen Stress bedeutet. Kiefer- und Wacholder-Arten reagieren darauf einigermaßen robust. Gegebenenfalls ist eine Schattierung vorzusehen.

Zur Nährstoffversorgung genügt den Gehölzen, vor allem den Koniferen, eine Grund- bzw. Vorratsdüngung (siehe S. 87). Deswegen werden sie am besten mit anspruchslosen Stauden kombiniert und nicht mit hungrigen Sommerblumen. Nadelgehölzen kann man bei Anzeichen von Vergilbung eventuell Bittersalz verabreichen (Magnesiumkalk). Ab August ist die Nährstoffversorgung einzustellen, damit der Zuwachs bis zum Winter ausreifen und dem Frost widerstehen kann.

Immergrüne Arten verbrauchen auch im Winter Wasser und müssen bei frostfreier Witterung gegossen werden. Auf dem Balkon ist der Wurzelbereich im Winter mehr der Witterung ausgesetzt als bei einer Bodenpflanzung. Deshalb muss das Gefäß umhüllt werden, wenn es nicht geschützt steht. Wenn man es bereits vor dem Einfüllen des Substrats innen isoliert, erübrigt sich die Verpackung. Dazu füttert man die Außenwände mit Styropor oder Noppenfolie und deckt den Boden mit etwa 3 cm Blähton ab. Bei den Laubgehölzen sollte man im zeitigen Frühjahr kranke und sperrige Triebe ausschneiden.

Aus zwergwüchsigen Koniferen lässt sich eine vielfältige immergrüne Dauerpflanzung anlegen.

Die Pflege der Balkonpflanzen

Die Lebensdauer vieler Balkonpflanzen ist nur auf eine Saison programmiert, so dass sie jedes Jahr neu ausgesät werden müssen. Andere Arten, wie Geranien, Wandelröschen, Fuchsien oder Knollenbegonien, sind grundsätzlich mehrjährig, können aber in unserem Klima den Winter nicht überleben. Für sie gibt es mehrere Möglichkeiten:

- Entweder man kauft sie jedes Jahr neu beim Gärtner;
- man sät sie neu aus, was länger dauert;
- man vermehrt die Pflanzen vegetativ durch Stecklinge (siehe S. 93)
- oder man holt sie ins Haus und überwintert sie bzw. ihre Speicherorgane geschützt (siehe S. 89).

Der Zukauf hat den Vorteil, dass man zum geeigneten Zeitpunkt genau die Zahl an Pflanzen besorgen kann, die benötigt wird. Die Angebote in Supermärkten sind zwar meist günstig, aber die Qualität entspricht nicht immer gehobenen Ansprüchen.

Die Aussaat einjähriger Balkonpflanzen

Viele Arten lassen sich rasch und unkompliziert aus Samen ziehen. Damit die frostempfindlichen Pflänzchen möglichst bald blühen, müssen sie an einem geschützten Platz vorkultiviert werden.
Dazu braucht man ein helles, bodenwarmes Plätzchen, zum Beispiel am Fensterbrett. Manche Arten (z. B. Geranien, Begonien und Ziersalbei) benötigen Keimtemperaturen von über 20 °C. Profis ziehen Geranien schon ab Dezember/Januar aus Samen an. Das funktioniert nur in einem beheizten Gewächshaus mit künstlicher Beleuchtung. Fehlen solche Voraussetzungen, erfolgt die Aussaat je nach Art nicht vor Mitte Februar bis April. Einige raschwüchsige Arten können noch später direkt in die Kästen gesät werden.

Zur Anzucht verwendet man bevorzugt flache Gefäße. In Multitopfplatten oder Torfpresstöpfen erhält jeder Keimling gleich seinen eigenen Wurzelballen, mit dem er sich später problemlos umsetzen lässt. Alle Saatgefäße müssen über Abzugslöcher verfügen, weil sonst die Samen leicht faulen. Mit einem hochrandigen Untersetzer wird das ablaufende Wasser aufgefangen.

Mit ihrer optimalen Wasser- und Luftdurchlässigkeit sind nährstoffarme Aussaaterden der beste Garant für eine erfolgreiche Anzucht. Die bewährten Torfsubstrate lassen sich kaum gleichwertig ersetzen. Nur bei langjähriger Erfahrung ist es empfehlenswert, aus Kompost und Sand eine eigene Anzuchterde herzustellen, um jeglichen Torfverbrauch zu vermeiden.

Von der Keimung zur Pflanze

Die Oberfläche ist mit einem Brettchen glatt zu streichen, bevor man die Samen gleichmäßig verteilt. Anschließend wird sie noch einmal mit einem Brettchen festgedrückt und mit einer feinen, samendicken Erdschicht übersiebt. Lichtkeimer und sehr feine Samen bleiben unbedeckt. Danach gießt man mit einer feinen Brause an. Wenn man das Aussaatgefäß mit lichtdurchlässiger Folie oder Glas abdeckt, herrscht darunter eine hohe Luftfeuchtigkeit, und die Samen keimen besser. Beschriftung nicht vergessen!

Sobald die Keimlinge mit den Fingern zu fassen sind, sollte man sie vereinzeln. Die Pflänzchen werden dazu vorsichtig mit einem Hölzchen aus der Erde gehoben; die langen Wurzeln zwickt man mit den Fingernägeln ab, damit sie sich besser verzweigen. Die verbliebenen werden möglichst ohne Krümmung in die vorgestochene Grube versenkt und wieder mit dem Pikierholz seitlich angedrückt. Während man zarte Sämlinge in Kistchen pikiert, erhalten wüchsige Arten gleich Einzelgefäße. Das Substrat in den Pikierkisten darf nährstoffreicher sein als die Aussaaterde.

Bis zum Auspflanzen müssen die Pflänzchen ständig gegossen und kontrolliert werden. An einem Standort in voller Sonne oder über dem Heizkörper ist die Gefahr groß, dass sie vertrocknen.

1 In einem flachen Gefäß verteilt man die Samen gleichmäßig oder in Reihen auf dem Substrat. 2 Durch Andrücken wird der Erdkontakt gesichert, bevor man eine dünne Substratschicht darüber siebt 3 und mit der Brause angießt. Sobald die Pflänzchen gut zu fassen sind, kann man sie vereinzeln. 4 Dazu wird mit dem Pikierholz eine Grube für die Wurzeln vorgestochen, um diese vorsichtig darin zu versenken und anzudrücken 5.

In hochwertigem Substrat sind Wasser, Luft und Nährstoffe besser verfügbar.

Auch richtig pflanzen will gelernt sein

Zunächst sind die Gefäße gut zu reinigen, damit keine schädlichen Keime in die neue Saison mitgenommen werden. Der Untergrund (mit Abflusslöchern!) sollte mit einer Dränageschicht ausgelegt werden, die überschüssiges Wasser rasch absickern lässt; dazu eignen sich Tonscherben oder Blähton. Beim Einfüllen des erdfeuchten Substrats belässt man zum oberen Rand 1 bis 2 cm Abstand. In das Substrat kann man bei einer Kombination von »hungrigen« Arten gleich zusätzlich einen langfristig wirksamen Dünger einmischen, wie Hornspäne (Stickstoffdünger), einen organischen oder einen langsam wirkenden mineralischen Volldünger (z. B. Plantosan) oder einen Depotdünger wie Osmocote.

Pflanzen, die von der Anzucht unter Glas verwöhnt sind, sollten wiederholt durch geöffnete Fenster abgehärtet werden. Die Bepflanzung nimmt man am besten an einem bewölkten Tag vor, denn direkte Sonnenbestrahlung ist ein Stressfaktor für die Neuankömmlinge. Es empfiehlt sich, die Wurzelballen gut zu durchfeuchten.

Die Erde – Lebenselixier der Pflanzen

In dem beschränkten Lebensraum des Balkongefäßes ist es besonders wichtig, dass die Erde gewisse Qualitätsansprüche erfüllt: Sie darf keine Krankheitserreger enthalten, ebenso wenig chemische Schadstoffe. Sie sollte so krümelig sein, dass sie genügend Luft führen kann, und auch bei stärkeren Niederschlägen nicht schnell verschlämmen. Gleichzeitig sollte sie eine hohe Haltekraft für Wasser besitzen, selbst nachdem sie einmal ausgetrocknet ist. Sie sollte Nährstoffe enthalten, diese gut speichern und wohl dosiert an die Pflanzen abgeben können. Und schließlich muss ihr Säuregrad (pH-Wert) im Bereich zwischen 5,5 und 7 liegen, weil die meisten Pflanzen unter diesen Bedingungen am besten gedeihen.

Das klingt kompliziert, wird aber von den meisten angebotenen Handelserden erfüllt. Sie unterscheiden sich in den Ausgangssubstanzen, im Nährstoffgehalt oder Säurewert – und leider manchmal auch hinsichtlich der Qualität. Wer auf üppiges und gesundes Wachstum Wert legt, sollte nicht am falschen Ende sparen und die Bil-

ligerde aus dem Supermarkt mitnehmen, sondern ein Markenfabrikat bevorzugen. Um die Erhaltung der Torfbiotope zu unterstützen, kann man Substrate aus Rindenhumus oder Komposterde verwenden. Aus je einem Drittel Reifkompost, guter, lehmiger Gartenerde und Sand lässt sich Erde auch selbst herstellen. Da es dem ansonsten wertvollen Kompost in der Regel an rasch verfügbarem Stickstoff mangelt, empfiehlt sich die Beimischung von Hornmehl: Etwa zwei Handschäufelchen voll in einem Balkonkasten von einem Meter Länge stillen den Grundbedarf.

Lebensnotwendiges Wasser

Je kleiner der Behälter, desto häufiger muss gegossen werden. Aber auch Entwicklungsstadium, Standort und Witterung sowie individuelle Ansprüche beeinflussen den Bedarf.
Unbelastetes, weiches Regenwasser ist ideal zum Gießen, nicht nur, weil es kostenlos ist. In manchen Regionen steht nur hartes, kalkreiches Leitungswasser zur Verfügung. Damit es keine Schäden verursacht, sollte man es mit Regenwasser mischen oder das Substrat durch Kompost, Rindenhumus oder notfalls Torf abpuffern. Auch Reste von Schwarzem Tee können mit ihrem Säuregehalt den Kalküberschuss ausgleichen.
In der Regel sieht man es den Pflanzen an, ob sie Wasser benötigen. Durstige Arten wie Petunien-Hybriden oder der Goldzahn (*Bidens*) müssen an einem voll besonnten Standort oft sogar zweimal täglich gegossen werden, wenn sie keinen schlappen Eindruck machen sollen; das kann auf einem großen Balkon in Arbeit ausarten.
Pflanzungen in Südlagen, gar vor einer hellen Mauer, haben den größten Wasserverbrauch, gefolgt von Westbalkonen, die der Abendsonne ausgesetzt sind. Am Nordbalkon oder in schattigen Lagen überwiegt die Gefahr der Substratvernässung.
An Trockenheit gewohnte Wildstauden können Dürreperioden besser überstehen als die üblichen Balkonblüher. Diese leiten teilweise mit ihrem üppigen Laubwerk das Regen-

Regeln für richtiges Gießen

- Es hat sich bewährt, morgens oder abends zu gießen; bei kühler Witterung ist der Morgen zu bevorzugen.
- Die Erde darf – mit wenigen Ausnahmen, z. B. die Schneeflocke – nicht durchgehend nass sein, weil sonst die Wurzeln faulen. Prüfen Sie deshalb vor dem Gießen mit dem Finger, ob das Substrat einigermaßen abgetrocknet ist.
- Abgestandenes Wasser empfiehlt sich, weil der Kontakt mit kaltem Leitungswasser die Pflanzen schockt; außerdem setzt sich dabei der Kalkgehalt etwas ab.
- Gießen Sie in die Erde, und nicht über Blätter oder gar Blüten; eine solch wiederholte Benetzung fördert Fäulniskrankheiten.

wasser vom Kasten ab, so dass sogar nach Niederschlägen oft noch gegossen werden muss.

Technische Bewässerungshilfen

Wenn man während des Urlaubs einige Wochen abwesend ist, muss die Versorgung der Balkonpflanzen gesichert werden. Häufig helfen freundliche Nachbarn aus. Technische Hilfsmittel nehmen auch außerhalb der Urlaubszeiten viel Arbeit ab, besonders auf großen Balkonen. Vor längerer Abwesenheit sollte ein solches System allerdings einige Wochen erprobt werden.
In der einfachsten Form kann der Pflanzbehälter einen Wasservorrat speichern, aus dem sich die Pflanzen bedienen (siehe Seite 11). Ein solches Gefäß lässt sich auch selbst herstellen. Dazu muss der Untergrund abgedichtet sein, bevor er etwa 5 cm hoch mit Blähton aufgefüllt wird. Diese Speicherschicht wird durch ein Vlies vom darüber liegenden Substrat getrennt. So verringert sich die Gefahr, dass das Substrat von unten vernässt und die Wurzeln darin faulen.
Manche Fabrikate arbeiten mit mehreren Dochten, durch die das Wasser in das ausgetrocknete Substrat gesaugt wird (z. B. *System Ortmann*). Halbautomatische Systeme (z. B. von *Perrot*) verfügen zwar über steuerbare Ventile, müssen aber von Hand eingeschaltet werden und eignen sich weniger für einen längeren Urlaub. Bei automatischer Bewässerung wird die Wassergabe über Fühler (Tensiometer) geregelt, welche die Substratfeuchtigkeit kontrollieren; eine einheitliche Pflanzerde ist die Voraussetzung dafür. Während bei *Tropf-Blumat*

Abb. links: Gefäße mit Wasserreservoir und Wasserstandsanzeiger erleichtern die Bewässerung.

Abb. rechts: Mit Hilfe der Kapillarwirkung lassen sich mehrere Behälter über Dochte oder dünne Schläuche versorgen.

ein Tonkegel die Bewässerung regelt, ist bei *Beta 8* ein Holzquellkörper für die Steuerung zuständig. Das Wasser wird von einem Wasseranschluss oder -behälter durch dünne Kunststoffschläuche zu den Tropfstellen geführt, die etwa alle 20 bis 30 cm im Kasten zu verteilen sind. Da die Tropfstellen ohne Druck arbeiten, muss am Wasserhahn ein Druckminderer vorgeschaltet werden. Außerdem empfiehlt es sich, einen Filter zu integrieren, damit die Anlage nicht so leicht verstopft. Solche Tropfsysteme haben den zusätzlichen Vorteil, dass Wasser gespart wird.

Systeme mit nur einem Fühler, die ihre Steuerbefehle per Magnetventil weitergeben, sind nur bei einheitlichem Pflanzenbestand sinnvoll, wie in einer Gärtnerei. Dazu ist außer dem Wasser- auch ein Stromanschluss erforderlich, der Betrieb ist nicht ganz billig. Am ausgefeiltesten sind computergesteuerte Bewässerungssysteme (z. B. von *Gardena*), die zwar nicht individuell auf die Pflanzen reagieren, aber mit drei Bewässerungsterminen die Wünsche des Gärtners und der Pflanzen weitgehend zufrieden stellen.

Blütenpracht braucht gute Ernährung

Bei Depotdüngern wie *Plantacote* und *Osmocote* befinden sich die Nährstoffe in einer Ummantelung, werden daraus über einen Zeitraum von zwei bis drei Monaten stetig freigesetzt und liefern so die Grundversorgung. Dauerpflanzungen, naturnahe Balkonkästen, Kräuter und Blattpflanzen begnügen sich in der Regel mit dieser Grunddüngung. Arten jedoch, die mit massenhafter und ausdauernder Blüte die Balkonpflanzungen dominieren, geben sich damit nicht zufrieden. Vor allem Nachtschattengewächse und manch andere Dauerblüher dürfen im Sommer sogar zweimal wöchentlich mit einem flüssigen Dünger im Gießwasser versorgt werden. Die meisten anderen Balkonblumen fordern zumindest eine wöchentliche Gabe, um sich in ihrer vollen Schönheit präsentieren zu können.

Am besten wird schon vor der Pflanzung ein Vorratsdünger in die Erde gemischt.

Flüssignahrung für die Dauerblüher

Zur Flüssigdüngung sind im Fachhandel zahlreiche Produkte erhältlich; wichtig ist, dass man sich an die auf dem Etikett angegebene Verdün-

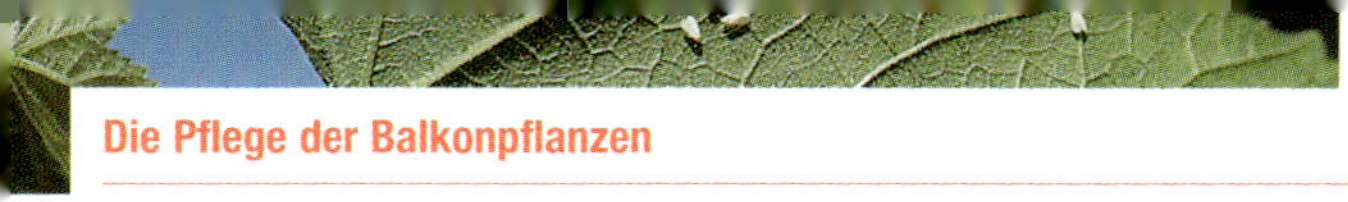

Organische Düngung – auch am Balkon möglich

Kompost kann bereits bei der Herstellung des Substrats hinzugemischt oder später noch flach auf der Substratoberfläche verteilt werden. Unter den käuflichen organischen Düngern haben sich Guano-Produkte bewährt. Sie besitzen einen hohen Phosphor-Anteil, der die Blütenbildung fördert. Auch Knochenmehl liefert hauptsächlich Phosphor. Horn- und Blutmehldünger hingegen sind stickstofflastig; dieser Nährstoff stärkt in erster Linie das Wachstum von Trieben und Blättern, was vor allem in den ersten Wochen sinnvoll ist. Einige Dünger (z. B. Azet Balkonpflanzen-Dünger) enthalten wertvolle Mikroorganismen. Aus Brennnessel und Beinwell lassen sich rasch wirksame Flüssigdünger selbst herstellen. Ersatzweise kann man sich auch ein fertiges Präparat (Humofix) besorgen.
Solche Dünger werden in der Regel umweltfreundlich hergestellt, und sie versorgen die Pflanzen bedarfsgemäß. Höchstleistungen jedoch wie mit mineralischen Flüssigdüngern darf man davon nicht erwarten.

nung und Dosierung hält. Vor einer Gabe darf die Erde nicht völlig ausgetrocknet sein, weil es sonst zu Verbrennungen an den Wurzeln kommen kann.
Solch eine zusätzliche Nährstoffversorgung wird allerdings erst sinnvoll, wenn die Pflanzen gut eingewurzelt sind. Bei Pflanzung Mitte Mai genügt es, in der zweiten Junihälfte mit dem Nachdüngen zu beginnen. Überwinterte Kübelpflanzen hingegen, die in ihrem Gefäß bleiben, dürfen schon mit dem ersten Austrieb mit Nährstoffen versorgt werden, sofern ein heller Standort zur Verfügung steht. Wenn aufgrund eines hohen pH-Werts im Substrat Eisenmangel auftritt (Vergilbungen zwischen den Blattadern), kann man das Angebot mit einem Eisenpräparat verbessern. Bei Kübel- und Balkonpflanzen, die überwintert werden sollen, ist die Düngung Mitte August einzustellen; sonst reifen die Triebe vor dem Winter nicht genügend aus. Nur »Wegwerfpflanzen« darf man noch länger düngen.

An warmen, windgeschützten Standorten findet sich oft die Weiße Fliege ein.

Pflanzenschutz am Balkon

Bei sachgerechter Pflege hat man wenig Probleme mit Schädlingen

und Krankheiten. Wichtigste Vorbeugung:

- nicht zu eng pflanzen,
- ausgewogen ernähren – vor allem nicht zu viel Stickstoff düngen,
- Erde und vor allem Pflanzen (mit wenigen Ausnahmen) immer wieder abtrocknen lassen.

Um die Verbreitung von Schadursachen zu verhindern, sind befallene Pflanzenteile möglichst bald zu entfernen. Stark befallene Pflanzen sollte man lieber ganz austauschen, anstatt zu einem Gift zu greifen.
In windoffenen Lagen können sich weder **Pilzkrankheiten** noch tierische Schädlinge lange halten. Enge Bestände mit hoher Luftfeuchtigkeit dagegen fördern die Ansiedlung von Fäulniserregern. Vorbeugend lassen sich die Pflanzengewebe durch Schachtelhalm-Präparate stärken. Welkekrankheiten jedoch sind ebenso wie Wurzelfäule (bei Substratvernässung) kaum mehr aufzuhalten. **Läuse** lassen sich relativ einfach mit Schmierseife-Präparaten vertreiben. Die kann man entweder selbst herstellen (20 g auf 1 l heißes Wasser und ein Schnapsglas Spiritus) oder im Fachhandel erwerben (z. B. Neudosan).
Bei Hitze und in windgeschützten Lagen finden sich oft **Rote Spinne** und **Weiße Fliege** ein. Besonders die mit dem bloßen Auge kaum erkennbare Rote Spinne sollte bei starkem Befall mehrfach mit einem Mittel auf Rapsöl- (*Schädlingsfrei Naturen*) oder Mineralöl-Basis (z. B. *Promanal AF*) behandelt werden. Mit **Schild-** und **Wollläusen** ist ebenso zu verfahren, wenn das Entfernen von Hand nicht mehr hilft. In den meisten Fällen gibt es schonende Präparate. Die harte chemische Keule lässt sich nur zur Rettung wertvoller Kübelpflanzen rechtfertigen, und auch dann nur nach ausführlicher fachlicher Beratung.

Überwinterung

Mehrjährige, aber nicht winterharte Balkonblumen und Kübelpflanzen werden je nach Frostempfindlichkeit zwischen September und Dezember an geschützte Plätze gebracht, wo sie

Bitte ausputzen!
Neben Gießen und Düngen verursacht das Ausputzen die meiste Arbeit: In zahlreichen Fällen empfiehlt es sich, verwelkte Blüten zu entfernen, da sie dann weder faulen können noch Kraft für die Samenbildung verschwendet wird.

den Winter überdauern. Als Vorbereitung darf schon ab Mitte August nicht mehr gedüngt werden, und auch die Bewässerungsmaßnahmen sollte man zur Umgewöhnung stetig vermindern.

Je nach Empfindlichkeit einwintern

Geranien werden rechtzeitig eingeräumt, bevor die ersten Fröste drohen. Dies kann zum Teil schon Ende September der Fall sein. Begonienknollen werden frühzeitig in Sicherheit gebracht und trocken eingelagert. Fuchsien sind etwas weniger empfindlich und können mit anderen Arten bis November draußen bleiben.

Strauchmargerite (*Argyranthemum frutescens*), Wandelröschen (*Lantana*), Vanilleblume (*Heliotrop*), Eisenkraut (*Verbena*), Petunien-Hybriden, Goldzahn (*Bidens*), Pantoffelblume (*Calceolaria*) und Weihrauch (*Plectranthus*), um nur einige wichtige Arten zu nennen, lassen sich ebenfalls über den Winter bringen. Die Sommerblumen dagegen können in den Kästen stehen bleiben, solange sie noch hübsch anzusehen sind, bevor sie unter Frosteinwirkung absterben.

In der Regel schneidet man Geranien beim Einräumen nicht, sondern putzt sie lediglich aus. Fuchsien und die meisten anderen Arten aber darf man nun etwas zurückschneiden. Bei dieser Gelegenheit werden die Pflanzen auf Krankheiten und Schädlinge untersucht.

Die Aufstellung der Pflanzgefäße kann in engen Überwinterungsräumen zum Problem werden. Deshalb holt man die Pelargonien häufig aus den Kästen, verkleinert den Wurzelballen und schlägt sie eng in lockeres Substrat ein. Noch mehr Platz lässt

Vor den ersten Nachtfrösten einräumen:

Banane (*Ensete* und *Musa*)
Bougainvillea
Citrus-Arten
Eisenholzbaum (*Metrosideros*)
Engelstrompete (*Brugmansia*)
Kerzenstrauch (*Cassia*)
Korallenstrauch (*Erythrina*)
Roseneibisch (*Hibiscus*)
Zylinderputzer (*Callistemon*)

Leichte Fröste vertragen:

Bleiwurz (*Plumbago*)
Oleander
Passiflora
Phoenix- und *Washingtonia*-Palme.
Rosmarin
Strauchmargerite

Fröste von minus 6 bis minus 10 °C vertragen:

Aucuba
Feige (*Ficus carica*)
Granatapfel (*Punica*)
Hanfpalme (*Trachycarpus*)
Jasmin (*Jasminum mesnyi, J. officinale*)
Klebsame (*Pittosporum*)
Lagerstroemia
Lorbeer
Wollmispel (*Eriobotrya*)
Sternjasmin (*Trachelospermum*)

sich sparen, wenn man die feuchten Wurzelballen in Zeitungspapier einwickelt oder in Plastikbeutel steckt; dann lassen sie sich schichten oder aufhängen.

Unterschiedlich frostharte Kübelpflanzen

Während manche Kübelpflanzen aus ihrer Heimat einige Frostgrade gewöhnt sind, reagieren andere sehr empfindlich und müssen rechtzeitig eingeräumt werden, sobald die ersten Nachtfröste drohen.
Die Engelstrompeten gehören zwar zu den frostempfindlichsten Arten. Wenn man aber abwartet, bis sie die Blätter nach ersten Frostgraden abwerfen, können sie Platz sparend in dunklen Räumen überwintert werden. Schönmalve (*Abutilon*) und Granatapfel (*Punica*) sollte man schon vor dem Winter kräftig zurückschneiden.

Ein kühler, aber lichter und frostsicherer Raum eignet sich am besten als Winterlager.

Im Winterlager

Von den vorgenannten Kübelpflanzen können nur wärmebedürftige Arten wie Hibiskus und Bougainvillea in unseren Wohnräumen überwintern, zur Not noch Schönmalve (*Abutilon*), Bleiwurz (*Plumbago*) und die Citrus-Arten. Die meisten anderen Pflanzen bevorzugen Überwinterungstemperaturen zwischen 5 und 12 °C. In beheizten Wohnräumen würden sie von Krankheiten und Schädlingen befallen und lange, dünne Triebe bilden. Pelargonien mögen es mit 10 bis 15 °C etwas wärmer als Fuchsien.

Wichtig ist, dass Licht und Temperatur in einem ausgewogenen Verhältnis stehen. Da die Pflanzen bei höheren Temperaturen stärker treiben, brauchen sie unter diesen Umständen auch mehr Licht, sonst vergeilen sie hoffnungslos. Bei 5 °C hingegen, wo fast alle Lebensvorgänge stillstehen, genügt schon ein Kellerfenster. An solche Standorte wird man bevorzugt Laub abwerfende Arten platzieren.
Optimal wären ein Wintergarten oder ein Gewächshaus, die ohne Heizung gerade frostfrei gehalten werden. In

Abb. links: Beim Einräumen werden kranke und verwelkte Triebe ausgeputzt; das ist vorbeugender Pflanzenschutz.

Abb. rechts: Vor dem Neuaustrieb schneidet man die meisten Arten auf ein kompaktes Gerüst zurück.

Ermangelung solcher Gelegenheiten wird man häufig Kellerräume, lichte Treppenhäuser oder Garagen nutzen. Zur Not kommt auch ein kühler Wohnraum (Schlafzimmer) oder ein geschützter Balkon in Frage. Überdies bieten zahlreiche Gärtner die Möglichkeit, Kübel- und Balkonpflanzen gegen einen entsprechenden Quadratmeterpreis in ihren Gewächshäusern zu überwintern.
Die Pflanzen im Winterlager sollten etwa alle zwei Wochen überprüft werden. Gelegentliches Lüften bei milder Witterung tut den Pflanzen gut. Die Faustregel zum Gießen: Sobald sich die Erde vom Topfrand löst, muss gegossen werden. Natürlich sind individuelle Bedürfnisse zu berücksichtigen. Fuchsien zum Beispiel verbrauchen im Winter mehr Wasser als Geranien. Nur bei wenigen Arten darf der Wurzelballen völlig austrocknen. Gefährlicher ist in der Regel dessen Vernässung, denn bei den kühlen Temperaturen beginnen die Wurzeln rasch zu faulen.

Vor dem Start umtopfen und zurückschneiden

Die Vorbereitungen auf den Austrieb beginnen Mitte Februar; lediglich Geranien dürfen aufgrund ihres langsamen Wachstums schon ab Ende Januar neu eingepflanzt werden. Hierfür sind die Pflanzen auszuputzen; dabei schneidet man abgestorbene, kranke und vergeilte Pflanzenteile zurück. Auch die übrigen Triebe werden auf 3 bis 5 Augen eingekürzt.
Bei Bedarf wird in frisches Substrat und neue Gefäße getopft. Wenn kein neuer Topf nötig ist, lässt sich das Substrat mit einer 1 bis 2 cm starken Aufstreu auffrischen. Anschließend kann man die Pflanzen wieder hell

und wärmer aufstellen und mit regulärem Gießen beginnen. Die Düngung setzt erst ein, wenn die Pflanzen gut eingewurzelt sind und ausreichend Licht bekommen.

Mehrjährige Balkonpflanzen durch Stecklinge vermehren

Praktisch von allen Pflanzen, die sich überwintern lassen, können auch Stecklinge zur vegetativen Vermehrung genommen werden. Dies gilt für die bekannten Balkonarten (Geranien, Fuchsien, Wandelröschen, Vanilleblumen usw.) ebenso wie für die Kübelpflanzen.
Die Stecklingsvermehrung ist vor allem dann sinnvoll, wenn man den Pflanzen keinen passenden Raum zur Überwinterung anbieten kann. Manche Sorten würden außerdem bei Samenvermehrung ihre Eigenschaften verändern und bleiben nur durch vegetative Vermehrung unverändert erhalten.
Häufig wird man die Stecklinge beim Abräumen im Herbst schneiden, bevor die abgeblühten Pflanzen auf den Kompost kommen. Die Stecklinge werden dann über Winter in Sand eingeschlagen und an einem kühlen, aber frostfreien Ort aufbewahrt. Ab Februar lassen sie sich im beheizten Gewächshaus oder auf der Fensterbank bewurzeln. Oder man nimmt die Stecklinge vor Saisonbeginn von den überwinterten Pflanzen; beim Rückschnitt fallen wie von selbst geeignete Triebe an.

Am besten im Hochsommer

Am erfolgversprechendsten ist es, wenn man die Stecklinge im Hochsommer schneidet. Dann erhalten die Pflanzen einen zeitlichen Vorsprung. Man nimmt dazu etwa 10 bis 15 cm lange, nicht blühende Triebspitzen oder unverholzte, dennoch nicht zu weiche Teilabschnitte. Bevor sie gesteckt werden, schneidet man die Triebe direkt unterhalb eines Blattansatzes mit einem scharfen Messer ab und entfernt die unteren Blätter.
Manche Arten wie Fuchsien, *Impatiens* oder Oleander lassen sich leicht in einem Wasserglas bewurzeln. Nach einigen Wochen kann man solche Triebe in Töpfe setzen.
Am besten gelingt die Bewurzelung in einem lockeren, sandigen Substrat. Man steckt mindestens zwei Blattansätze unter die Oberfläche. Die ausreichend tiefen Gefäße werden bodenwarm aufgestellt (möglichst 20 °C). Anschließend gießt man das Ganze gut an, ohne stauende Nässe zu erzeugen. Die Abdeckung mit einer durchsichtigen Haube erleichtert die Bewurzelung. Bis zum Herbst sind die Jungpflanzen gut bewurzelt und müssen an einem hellen und frostsicheren, aber nicht zu warmen Standort überwintert werden.
Routinierte Balkongärtner setzen die Stecklingsvermehrung so ein, dass sie jährlich die Hälfte oder ein Drittel ihrer mehrjährigen Balkonpflanzen erneuern und nur den übrigen, verringerten Teil überwintern müssen.

Anhang

Bezugsquellen

Jungpflanzen

Die Jungpflanzen von Züchtern wie Grünewald (www.jungpflanzen-gruenewald.de), Unger (www.unger-jungpflanzen.de), Brandkamp (www.brandkamp.de) und PAC Elsner, Dresden (www.pac-elsner.com) sind nicht direkt dort erhältlich, sondern in den Betrieben des Garten-Fachhandels.

Besonderer Dank gilt den Firmen Kientzler, Gensingen (www.kientzler.com), Pelargonien-Fischer, Hillscheid (www.pelfi.de) und Schmülling (www.schmuelling.de), die einige ihrer Neuzüchtungen zum Kennenlernen zur Verfügung gestellt haben.

Saatgutzüchter

Thompson & Morgan,
Postfach 1069,
36243 Niederaula
www.thompson-morgan.com

Thysanotus Samenversand
Uwe Siebers
Schulweg 21
28876 Oyten
www. thysanotus-samenversand.de

Die Samenpackungen der folgenden Züchter finden Sie in vielen Gartencentern und Fachhandlungen:

Ernst Benary, Hann.-Münden
www.benary.de

Kiepenkerl-Nebelung, Everswinkel
www.kiepenkerl.de

Flora Frey, Solingen
www.florafrey.de

Carl Sperling, Lüneburg
www.sperli-samen.de

Verbände

Deutsche Fuchsien-Gesellschaft
c/o Hans-Peter Peters
Pankratiusstr. 10
31180 Giesen-Großförste
www.deutsche-fuchsien-ges.de

Deutsche Citrus-Gesellschaft
c/o Peter Klock
Stutsmoor 42
22607 Hamburg

Literatur

Bauch-Troschke / Brand / Barlo: Terrassen, Callwey Verlag, München 2000

Frank von Berger: Gestalten mit Kübelpflanzen, Knaur Ratgeber Verlag, München 2003

Frank von Berger: Wege im Garten, Knaur Ratgeber Verlag, München 2003

Monika Gottschalk: Engelstrompeten, BLV Verlagsgesellschaft, München 2002

Wolfgang Kawollek: Kübelpflanzen, Verlag Eugen Ulmer, Stuttgart 1997

Max Kirschner: Wege, Terrassen und Sitzplätze, Augustus Verlag, München 2001

Monika und Thorsten Klock: Zitruspflanzen, BLV Verlagsgesellschaft, München 2004

Knaurs Gartenbuch, Kompetenter Ratgeber zu allen Gartenfragen, Knaur Ratgeber Verlag, München 2003

Christoph Köchel: Oleander, Verlag Eugen Ulmer, Stuttgart 2000

Chr. und M. Köchel: Kübelpflanzen – der Traum vom Süden, BLV Verlagsgesellschaft, München 2003

Marie-Luise Kreuter: Biologischer Pflanzenschutz, BLV Verlagsgesellschaft, München 2000

Rainer Kuhnke: Südliche Stimmung für heimische Gärten, Callwey Verlag, München 1999

Karl Ludwig: Kletterpflanzen, BLV Verlagsgesellschaft, München 2001

Gerda Manthey: Fuchsien für Balkon und Terrasse, Verlag Eugen Ulmer, Stuttgart 2002

Joachim Mayer: Balkon & Kübelpflanzen: Gräfe & Unzer Verlag, München 2004

Helga Panten: VDB-Handbuch „Beet-, Balkon- und Kübelpflanzen“, Verlagsgesellschaft „Grün ist Leben“, Tornesch 2003

Ingrid Pfendtner: Knaurs Gartendoktor, Knaur Ratgeber Verlag, München 2004

Tanja Ratsch: Mediterranes Flair auf Balkon und Terrasse, Verlag Eugen Ulmer, Stuttgart 2002

Friedrich Strauß: Balkon-Träume, BLV Verlagsgesellschaft, München 2003

Terrassen und Innenhöfe, Royal Horticultural Society, Verlag Dorling Kindersley, Starnberg 2003

Thinschmidt/Böswirth: Wege und Terrassen, Verlag Eugen Ulmer, Stuttgart 2002

Miriam Wiegele: Duftpelargonien, Verlag Eugen Ulmer, Stuttgart 2000

Register